伝説の編集者・巖浩を訪ねて

「日本読書新聞」と「伝統と現代」

井出彰
IDE Akira

社会評論社

プロローグ

桜の奈良で

奈良で巖《いわお》さんと会うときは、桜の満開のときがいい、と思っていた。五年ほど前のことである。理由は特別ない。しかし、何となくそう思ったのだ。

その前の年の暮、彼が上京し、いつものように出版社時代の親友の玉井五一、高橋行雄、救仁郷建（当時いずれも創樹社、風濤社、ぺりかん社の社長を務めていた）さんらと旧交を暖める席に呼んでもらったことがあった。存分に巖節を聞かせてもらったあと、飲み屋からの帰り道、前に三人歩き、後に私と巖さんが並ぶ形になった。奈良はいいよ、いい処だから是非おいでよ、と誘われ、少しだけ心が動いた。更に高速道路の下を沿うように歩いてきて、先に歩いていた三人に合流しようとしたとき、きっとおいでよ、奈良は寂しいよ、夜中なんか静まり帰っていて遠くから鹿の声が細く響くように聞えてくるんだから、と言ったとき、よし、絶対に行こう、それも何故か、桜の満開のときにしようと心のなかで決めてしまった。

その年、異常気象といわれ、冬は予想を裏切っていつまでも寒く、このままでは春はなかなかやって来ないのではないかと思われたほどで、桜の開花なんて三月中はとても無理だと噂されていた。ところが、月の最後の週明けから、今度は突然温度が上がり出し、まるで夏日がやってきて、桜は一斉に開花に向った。私は心を弾ませ金曜日の朝、新幹線に飛び乗った。京都の駅から電話して近鉄奈良駅で待ち合わせた。

巖さんは構内の行基像と並んで立っていた。行基は数珠を掛けた両手を軽く胸に当て、墨染めの衣姿で立っていた。三方を山で囲まれた奈良の町は期待通り薄い桃色に染っていて、どこから花びらが、この古都創建に奔走した不可解な勧進僧に向って舞い降りていた。小さく呼びかけながら近づくと、気づいた巖さんは手を振って迎え入れてくれた。よく来た、よく来てくれた、まあまあ、とり敢えず乾杯といこう、と近くの商店街にあるイタリアンレストランに入って、まず赤ワイン、白ワイン、やっぱりビールで、次に日本酒、次から次へと飲み干してゆく。とても七〇歳半ばの人の酒量とは思えない。このレストランには週に何回か決まったように立ち寄ってコーヒーやワインを飲みながら本を読んだりして時間を潰しているらしく、店の人とも懇意だ。若い友人でね、東京からやってきたんだよ、と代わるがわる挨拶にやってくる店員たちに紹介してくれた。

奈良は中学生のときに修学旅行で来たとき以来だから、はじめて来たも同然だ。そんな未知の都市への旅の昂奮もあってか、普段の私の日常とは別種の時間が流れているような気がした。古い歴史の町だということもあるが、小さな田舎の町ならともかく、県庁所在地の都市で、駅周辺が広々した公園に包まれ、緑が押し寄せ鹿が悠然と歩いていたりするせいだと思う。

大和路の悠々自適さん、と心の中で呼びかけてみた。その数ヶ月前に刊行された「日本および日本人」という雑誌の、あとがきに、かつて「日本読書新聞」の編集長、「伝統と現代」の主宰者であった巖浩氏の最近の消息が書かれてあって、大和路で悠々自適に過ごしている、とあったからである。四時間ほど、本当に飲みまくったという感じで時計を見たらもう夕方。折角だから、今日はまず春日大社だけでも見ておこうと先に歩き出す。二十歳近くも若い私の足どりの方が危くなっているというのに、巖さんの足どりには全く乱れがない。

巖さんは一九二五（大正一四）年、大分県生まれ、東京大学文学部卒。戦後期の「日本読書新聞」編集長を経て一九六六（昭和四一）年現代ジャーナリズム出版会を設立、数年後からは主として雑誌「伝統と現代」を十五年間発刊し続けた。その後、静岡県沼津市にある禅寺・松蔭寺と奈良の春日大社で労務者として過した。だから春日大社は、いわば最近までの職場だ。

タクシーに乗って一の鳥居まで。それから杉や檜、桂やもみじの覆い被さる坂道や石段を登りながら、春日大社やそこでの生活、仕事ぶりについて話をしてくれた。私は息が切れていたし酔っていた。春日大社の由縁や奈良の都の歴史についてはほとんど知識がなかった。藤の紫色の花が真っ盛りで桜に負けず見事だったし、もみじや桂の赤味がかった新芽がさわやかだったが、何よりも石灯籠の陰からひょいっと出てきて恐れもせずに鼻を擦りつけてくる小鹿に心を洗われた。その石灯籠は参道の両脇に約二千基も立ち並んでいる。創立は七六八年、千二百年以上の歴史を有しているから祭事も目白押しで、一年中絶え間なくあること、倒れたものを立て直したり、灯明を点し神紙を貼りつける、白砂を撒いたり至る所にめぐらされている側溝の掃除だって簡単ではない、春日の山に入っての伐採の仕事もあり、とその労働ぶりを披露してくれたりしていると、やがて土産物屋さんの前を通った。中を覗くと主人が顔を出した。

ややや、と気軽く挨拶。しばらく互いの近況なぞ話し合ってから、東京から若い友人がやってきたので、今回はちょっと案内役で、とまた紹介してくれる。茶店の主人は、それはそれはご苦労さんで、どうぞゆっくり見学してって下さい、と私に向って軽く会釈して愛想がいい。本殿に入って、しばらくすると白衣に袴姿の人が通り過ぎてから、後を振り返った。巖さんの方でも気づいて、ここでも挨拶と近況報告。禰宜、ネギさんといって、神職の位の名らしいが、どの位偉いのか私には分らない。ともかく一般の人が入れない、本殿の奥まで入れてくれて丁寧に春日大社の由縁を説明してくれた。

ここに祀られている武甕槌命（たけみかずちのみこと）は、茨城県の鹿島神宮から白い鹿に乗ってやってきた。この一帯に住んでいる鹿は、その子孫たちだそうだ。そう言えば、以前浦和レッズとアントラーズの試合を見に行って鹿島神宮に寄ったとき、確かに鹿がいた。いたにはいたが、奈良のように何百匹も自由に遊んでいるというのではなく、囲いの中で七、八匹、しかも芝草なぞなく、乾き切った土の上で飼われているのでせっかくの毛並も汚くてがっかりした覚えがある。ついでに参道の一番左手前に巖家《がんけ》なんて名の旅館があって、何かしら因縁でもあるかと思って聞いてみたら、名字でもなく、屋号で、今は傾斜面になっているが、昔は家の裏側は谷底に向ってドスンと落ち込む絶壁になっていた。大方、そこに大きな岩でも突き出ていて、それが屋号となっていたのではないか、と主人が説明してくれた。結局、巖姓と神社を結ぶ脈絡は何もなかった。関係ないことついでに言えば、その日のレッズは、遠方からの応援にもかかわらず惨敗だった。

五、六年前までの職場だから顔馴染みは沢山いるのは当り前だが、巫子さんだけはもうほとんど知った顔はいないらしい。巫子さんは十七、八歳で入ってきて、二十歳台後半までには辞めてしまうし、高校生、大学生のアルバイトも多いんだと、純白な着物に緋袴の巫子さんが通り過ぎてゆくのを見て、ちょっとさみしそうに説明してくれた。

背後には、標高五〇〇m近い春日山がひかえている。末社が点在していて、ここに魚、米、塩、酒などを奉るためにかつぎ上る。山の中の管理も大変で、狸、狐、兎、鹿などの動物の死骸、ときには人間の自殺死体もあり、その処理だってしなければいけない。広大なお山はナギの原生林である。

偶然、数日前の新聞に、この木のことが紹介されていて、私にとって春日大社に関する唯一の知識となっている。ナギは梛、または竹柏とも書く。四国、九州、沖縄や台湾など南方の海沿いに生えていて、紀伊半島にも見ることが出来るらしい。内陸である奈良の山に、この木の大樹林がなぜ存在するのかはまだ解明されていないという。葉が竹葉に似ていて、葉脈がタテに並んでいるから、タテにしか裂けない。巖さんは落ちている一枚を拾って裂いてみせてくれた。毒性があって鹿が食べないから繁茂し過ぎて他の樹木を圧迫して困っているのだと付け加えてくれた。

山はご神体だから禁足地、ナギは天然記念物だから勝手に採ってはいけないのだが、神社の祭事にだけは許されている。榊代りに使われるのだが、形のいい元気な枝葉を探し出すのも巖さんたちの仕事の一つだったという。白く咲きはじめている馬酔木もまた鹿が食べない木なのだそうだ。

ナギの林を下りながら、ここんところね、と立ち止まり、ほんのわずかだけ小広くなった平地で、映画の「羅生門」、黒沢明の映画あったろう、ここんとこで撮影したんだ……、そうだ、今夜の宿はどうするの、突然思い出したように言った。まだ決めていません、行き当りばったりの人生ですから、と私は笑いながら答えた。それは困った。あわてて喫茶店に入り、あちこちのホテル、旅館に電話をしてくれたが、桜の満開の季節の奈良のホテルに空室なんかありっこない。

実は私の方に少しだけ魂胆があった。巖さんの家に泊めて下さい。ホテルの空室探しが、ほぼ絶望的と思えた頃を見計って言った。巖さんは一瞬、困惑の表情を浮かべ、あんな狭いところ、まあ、いいけど、男やもめの一軒家、何も片づけていないから、それでよければいいさ、ということになった。何としても巖さんの家に泊めてもらいたい、都を捨てて奈良に来て、奥さんを亡くし、どんなところでどんなふうに暮しているのか、是非覗いてみたいと思っていた。

そうと決ったら、また飲み直し。巖さんの家は近鉄奈良駅から二つ目の西大寺駅だが、もうそんなことはお構いなし。どこをどう歩いたのか、さっぱり覚えていない。梯子酒、連れてゆかれるままに二軒、三軒。それでも最初の店で用意してきたカセット・テープを取り出すと、えっという顔をした。何、今日は仕事で来たの、と問う。私は曖昧な返事をした。

　すると、今日は飲もう、飲もう、昔話なんか、これから何回でもするから今日はともかく飲みまくろう。せっかく桜の季節の奈良に来たんだから楽しく飲もう、と杯を重ねる。私は少し心配になった。巖さんが上京した折、何度かは一緒に飲んで、その豪胆ぶりは知っている。新宿界隈での武勇伝も聞いていた。しかし、そういうときは、玉井さんや高橋さん、救仁郷さんが傍らにいて、長年のつき合いから、それぞれの酒量を心得ていて自制もするし他制もする。

　だが、今日は二人だけ、貫禄の差がある。私などの制止をきく筈がない。昼間からのビール、ワイン、酒の合計の量を考えれば、限界はとうに越えている。いくら何でも七十歳半ばの老人である。万一のことがあったらどうしようと思う。が、巖さんは、そんなことはお構いなしに、時々諳んじている漢詩などを口ずさんでご機嫌である。酔い潰れるどころか毅然としている。いく店、いく店がみな馴染みである。しかも、この間はとか、先日は、などと挨拶をしているところをみると、かなりの頻度で来ていることが窺えた。その内の一軒ではアルバイトの子に、紀の川に／つぶて投げして遊びし子カナコ／二十歳《はたち》の物理の学徒、などと歌を詠んでみせては周りを楽しませたりしている。ちなみに彼女は紀の川沿いの華岡青洲を生んだ町出身の奈良女子大の学生である。

　私は確かに奈良に来てみたいと思った。しかし、自分の地味な好みからいえば、人が沢山集まる喧騒のときではなく、なるべく人がいない、そんな古都を一度見れば、それでいい。それなのに最も華やいだ桜のときを選んだのは、そんな自分に嫌気がさし、二十歳近く年上の巖さんから何か元気と呼べるようなものをもらいたかった、いやくれなかったら偸んでももらうんだ、という縋る気持ちが働いていた。このとき五十六歳の自分は、二十六歳のとき「日本読書新聞」に入った。はじめての就職である。六年ほど在籍して辞め、無謀にも小さな出版社を起して十年ほど続けた。無惨な敗北のあと、読書新聞とは同じ根を持つ書評紙「図書新聞」に入社した。

社長という責任を引き受けるとき、図書新聞が、一九七六年再刊されたときに中心的な役割を荷った布川角左衛門氏を筑摩書房の社長室に訪ねた。そのとき布川さんは、まだ若いし、止めた方がいいよ。万一また倒産するというようなことになったら漠大な借金を個人が背負うことになる。君はまだ借金の恐さを知らないだろうが、大変なことだ。何も外から来た君がそんな道を選ぶことはないじゃないか、と常におだやかな笑顔を浮かべている氏が、顔を曇らせた。

そのくらいのことは解っています、と答えた。ただし、そのくらい、という部分は言葉にしなくて、解っています、という部分だけを口にした。

書評紙は一九三七（昭和十二）年、帝大新聞を発言の場としていた、まだ哲学者の卵以前であった三木清、戸坂潤らによって発案された「読書新聞」が主流だった。四九年、その読書新聞の編集長だった田所太郎の手によって「図書新聞」は創刊された。さらに五八年、やはり読書新聞から枝岐れする形で「週刊読書人」が創刊された。

その本家の読書新聞でさえ、大小、様々な波はあったが、大むね経営は豊かでなく、八四年事実上廃刊した。図書新聞は、更に苦しく、すでに創刊直後から田所太郎は資金繰りに悩まされていた。しかし、その田所も力尽きて七五年六月自死した。再刊したとは言え、事情は一向に好転することはなく、社内は混乱を繰り返していた。そんな会社を私が引き受けざるを得なかった事情は二つある。一つは編集長として誘われ、金銭のことは一切関わらなくてもよいという条件だったにもかかわらず、そうはいかなかったこと。つまり事実上、社長が存在しなかった。もっと言えばまともに社長を引き受ける人間がいなかったし、またそんな状態ではなかったのだ。

二つ目は、私の方でも食べてゆくための仕事がなかった。七三年、長女が、出産直後の食道閉鎖の手術の失敗から、全身不随の状態になり、通常の勤めなど不可能だったからだ。視力を失った彼女は、昼と夜の区別がつかなかった。昼間の看病で疲れ切っている妻に代って夜の看病を引き受けることが多くなった。

仕方なく読書新聞をやめた私に何人かの友人が心配して自分の会社にこないかと声をかけてくれた。うれしかった。しかし、そういう彼らの会社の台所事情は想像出来た。不眠が続き、不規則な勤務しか出来ない人間を雇った会社が、どんなになるか目に見える。結局、他に手段を持たない私は、資本もないのに出版社を起した。十年で息が切れ、再び路頭に迷っていた。もう出版社なぞ絶対にやらない、勤めないと決意して、友人のやっている塾に勤めさせてもらった。

一ヶ月たったとき、慶友社の社長の山崎一夫さんから電話をもらった。塾の教師はうまくいっているの。たまには昔の世界に遊びにおいでよ。三日後に神保町の山崎さんの店を訪ねると、わずか一ヶ月しかたっていないというのにひどくなつかしかった。山積みされた本から発散される匂い、埃がたまらなかった。

その本の山に囲まれた狭い空間に山崎さんと並んで、もう一人、男の人がいた。その人とは初対面だった。一通り挨拶し雑談し終ったところで二人が、せっかくここまで出版界にいたんだし、もう少し頑張ったらどうか、ちょうど図書新聞で編集長をやる人間を探しているんだ、と口を揃えて言った。私は二人の言葉に吸い込まれていった。その人は、芳賀章内氏。雄山閣出版の編集長、図書新聞再刊時に、布川さんらと共に呼びかけ人となり、出資者となってくれた長坂一雄社長の片腕であるばかりでなく、詩集『都市論序説』『せらみっくの都市』などを持つ詩人である。

結局「図書新聞」に入って社長兼編集長として遮二無二働いた。まだ若さと意地が残っていた。何とか十年を持ちこたえてきた。しかし、もともと経営の才などない私に限界がきた。疲れてきたし、時代の感覚も少しずつずれてきたことを感じはじめていた。

そんなときに巖さんと出会ったのだ。一七年間続けてきた、伝統と現代社は、氏が五十九歳のときに倒産した。倒産直後、金融業者から身を隠すために、自宅を捨て、本郷の一部屋だけのアパートに奥さんと住んだ。その部屋は、高橋さんが息子・栄氏の住んでいたところを空け用意したものだった。昼間、鳥打ち帽子を目深に被り、サングラスをかけた氏に、イワオさん、と声をかけると、やっぱり分っちゃった、と笑わせせる。社会評論社の松田氏の話である。本郷界隈に集まる小さな印刷所や出版社の片隅で本を読み、夕方になると知り合いの出版社ではじまっている酒盛りに加わる。やがて、沼津の禅寺に駆け込むのだが、そのとき、巖さんは五十九歳。いまの私は五十六歳。忍び寄る倒産の足音は確実に大きくなりつつあった。

負債を抱えることは恐かった。実は一度、小学校と大学で同級だった男と相保証をした。彼が会社を創立し、私も同じ頃に会社を立ち上げた。互いに資金の不足分を銀行から借り、保証し合った。彼の方が先に倒産した。銀行は容赦なく、それらしき人を使ってわが家に踏み込んできた。もし、図書新聞が潰れたら、あのときの何倍もの負債を背負わなければならない。私には夜逃げや自殺は許されていない。身体不自由になった子どもと、看病する妻を残して死ぬことは許されなかった。だが五十六歳。老いも少しずつ忍び寄っている。

自己破産した人間を何人か見ていた。死を選んだ者、金融業者に捕まり裸にされて投げ出された者、夜逃げしてホームレスになって姿を消している者。もちろん資産を持ち、巧みに処理して老後を悠然と過ごしている人もいる。しかし、所詮、ときには月の給料を持って帰らず何とか会社を繋いできただけの者には前者の途くらいしか残されていない。そんなとき、そういう経験を持ち、それを撥ねのけ、人を楽しませ、自分も楽しんでいるように見えた七十歳を越えた巖さんから、何かを学びたい、何かを得たいと縋る思いで接近していった。

大和西大寺の駅から歩いて十五、六分。巖さんの家は小さな平屋の家だった。これは思い描いた通りだった。二階建てや三階建てで青やピンクの色が塗られているような家だったら似合わない。独り生活している老人の家に相応しいと安堵した。六畳と四畳半が一間ずつ、それに台所と風呂場。ここに数年前まで奥さんと二人、十年暮していたのだ。奥さんの瑠璃子さんはもの静かな人だったと聞く。四畳半の方は書斎に使っていて机と炬燵。周りは本だけで、畳の上には新聞の切り抜きやメモが所狭しと散らばっている。

そうか、と思う。男が独り暮していれば、どうしても部屋は乱雑になる。まして本や原稿に関わって生きてきた人間である。煙草の火が恐い、危い。ヘビースモーカーの私には、仮りに独りで暮すようになったら、禁煙ということが絶対の条件だとつくづく思う。巖さんだって六十五、六歳までは日に三十本、四十本吸っていたのを止めたんだという。

広くはない庭に、何種類かの草花が植えられている。まだ春にはなりきっていない、冬の名残りの風が、それらの頭を撫でている。もう一ケ月もすれば、もっと沢山の草花が芽を出してくるだろう。花とカメラの好きだった奥さんの姿が浮かんでくる。

これね、ノウゼンカズラっていうんだよ。隣りの家から伸びてきたんだけど、女房が好きでね。ノウゼンカズラは、藤のような蔓性の木だ。中国の原産だというが、南方、熱帯で繁茂し、橙赤色の花を夏に咲かせる。私が、まだ新芽を出しはじめたばかりの、その蔓木を眺めているのに気づいて、巖さんが説明してくれた。

あるときね、これ何んて花、イチジクかしらって言うんだよ。女房がおかしいと思ったのは、このときがはじめてだった。自分が一番愛でていて、その木の名を教えてくれた本人が、その花を忘れてしまうんだからね。

寂しそうに笑った。

巖さんと二人だけでゆっくり話をするのははじめてだ。だから、そんな表情の巖さんを見るのもはじめてだ。そして、たまに上京して何人かの旧知の友人たちに囲まれ燥ぎ、笑い楽しんでいる姿しか知らない私は、こんな表情をする彼を見てみたいと、どこかで思っていたに違いない。

二人だけで話すのははじめてだ、と書いたが、正確に言えば二度目だ。一度、神保町の地下鉄の構内で擦れ違った。私は昼食を食べて午後一番の約束があってホームへと急いでいた。その手前で、今誰れか見知った人と出会った気がして振り向いた。と、相手も振り向いていた。互いの距離はもう十mほども空いている。彼がこんなところにいる筈がない、いられる筈がないと天から思い込んでいたので自分の錯覚だと思った。

というのも、二週間ほど前に行われた「日本読書新聞」の同窓会というべきところで、彼はたぶん、残念だが出席出来ないだろうと言われていた。事実、開会ぎりぎりで現われた巖さんは挨拶で、今妻が危篤状態である。ずっと付き添っていたら、妻の妹さんが私が看ているから行ってきなさい、それが姉の願いであり、無言でもそう言っているのが妹の私にはちゃんと分るの、だから今すぐに行きなさい、と言ってくれた、と話した。のちに触れることになるが、夫人の瑠璃子さんも読書新聞に在籍していた。つまり社内結婚だ。

　市ヶ谷のアルカディア（私学会館）の会場に姿を現わしたのは六時四十分。六時三十分開始の予定が十分ほど遅れていた。というのも最初の挨拶をする予定の「暮しの手帖」社長の大橋鎮子さんが急に来られなくなった。その次の予定者の巖さんも来られない。では誰にすべきかということで相談がなされていたのだ。戦前の読書新聞は、一九四五年五月二十一日、日夜爆弾の降ってくる事態の中で、全一段の、休刊の辞を載せて終った。最後の新聞を刷り終ったあと、大橋さんは、きっとまたいつかは再刊出来るときがくるから、と題字を預り、紫の風呂敷に包んで保管していたといわれている。今のように画面で処理されるのではない、一字一字が鉛で作られていた活版の時代に、使い減りのしないように銀で作られた題字は高価なものであり、新聞の命でもあったのだ。

　花森安治氏亡きあと、暮しの手帖を守っている大橋さんは多忙で、その日名古屋で会議があるが、何が何でも出席します。だって読書新聞は、私の出発点なのだから、と麻布にあった暮しの手帖社に伺ったときに、なつかしそうに少女のように目を輝かせて言っていたし、その日の昼にも絶対間に合うとわざわざ電話をかけてきてくれたのに、間際で会議がどうしても抜ける訳にはいかなくて、と残念そうな電話をかけてきていた。

　司会者の高岡武志が、まず最初に挨拶してもらうべき大橋さんが来られなくなったこと、巖浩氏も、止むに止まれぬ理由で出席出来ません。したがって……と、言いかけた、そのタイミングをまるで見計らったかのように、彼は現われた。会場は沸いた。仕組んだような劇的な登場の仕方である。あとから聞いたが、そんなことのあろう筈は全くなく、偶然だという。そんなことは誰でも分っているが、会場のあちこちで、巖さんには、どこかそんなものが、持って生まれたものとして備わっているんだ、昔からこんなことが幾つもあった、などと囁き合っているのが聞えた。

一九九六年四月二十六日、読書新聞の同窓会というべきものが行われた。八四年廃刊し、会社はなくなったとはいえ、約半世紀の歴史を持つ。戦前に関わった人の大半は死亡しているけれども、戦後に在籍した人のほとんどは存命していた。六〇年代にいた高岡武志、上林武人、前田和夫、加藤節子氏と私の五人に、先輩である大出俊幸さんが、みんなに呼びかけてみたらという提案で実行されたものだが、予想を越えて百人以上の人が集まった。

たいして大きな会社でもないのに、それだけの人間が在社したというのは、書評紙だけを発行してきた、この会社の内実を語っている。利益とはほど遠い、従って給料が安い。仕事は本好きが本を扱っているのだから面白い。けど、一定の年齢になり家庭を持つようになると、結局転職してゆかざるを得なくなる。

読書新聞は社団法人だったから、編集局長は、一般会社の代表取締役社長に当る。戦後初代の田所太郎のあと、六三年巖さんが引き継いだ。まして母体の日本出版協会を抹殺すべく作られた書籍協会を母体とする、週刊読書人に大半の社員が流れ込んでいったあと、孤軍奮闘した彼には、中興の祖以上の形容詞が被って後輩たちに伝えられていた。

私は裏方だったし、会場では挨拶をし、二言三言交わしただけだった。二次会、三次会でも同様だったから、巖さんは、私の顔など覚えていないと思っていた。それを擦れ違っただけでも分るほどに覚えていてくれたのだ。

私は相手先に一時間ほど面会時間を遅らせてもらって傍らの喫茶店に入った。当然、巖さんはビール。私は頑固にコーヒーを注文した。あの同窓会のあとまもなく奥さんは亡くなり、遺骨は奥さんの実家の菩提寺の池上本門寺の末寺に半分、あとの半分は巖さんの育った津久見市のお寺に分骨したことを聞いた。初七日を済ませ、挨拶廻りのために上京しているのだという。

ビールをうまそうに一杯、二杯と喉に流し込む。なぜ話の流れがそうなったのか、はっきり覚えていないが、名横綱の双葉山のことになっていた。私は、氏の雄弁さに引き込まれ、ついにビールの誘惑に敗けた。相手先との約束は再び延期され、明日になった。今の力士のなかには、双葉山ほどの品格を持った人はいないねえ。強いだけではない、知性も兼ね備えていたよ。双葉山の六十九連勝の記録は今も破られていない。七十連勝を阻止したのは安芸ノ海。敗れたとき、双葉山は故郷の人に電報を打ったんだよ。いきなり卓上にあったナプキンを取って、鉛筆で書き出した。ワレイマダモッケイタリエズ。モッケイとは木鶏、徳が充分に具われば、おのずと勝負は決まり、勝つ、という中国の故事。つまり六十九連勝したが、まだ自分は未熟だという意味で、

郵　便　は　が　き

料金受取人払

本郷局承認

6344

差出有効期間
2009年3月19日
まで

有効期間をすぎた
場合は、50円切手を
貼って下さい。

113 - 0033

東京都文京区
本郷2-3-10

社会評論社　行

（受取人）

ご氏名
（　　　）歳

ご住所　TEL.

◇購入申込書◇　■お近くの書店にご注文下さるか、弊社に送付下さい。
本状が到着次第送本致します。

（書名）　¥　（　）部

（書名）　¥　（　）部

（書名）　¥　（　）部

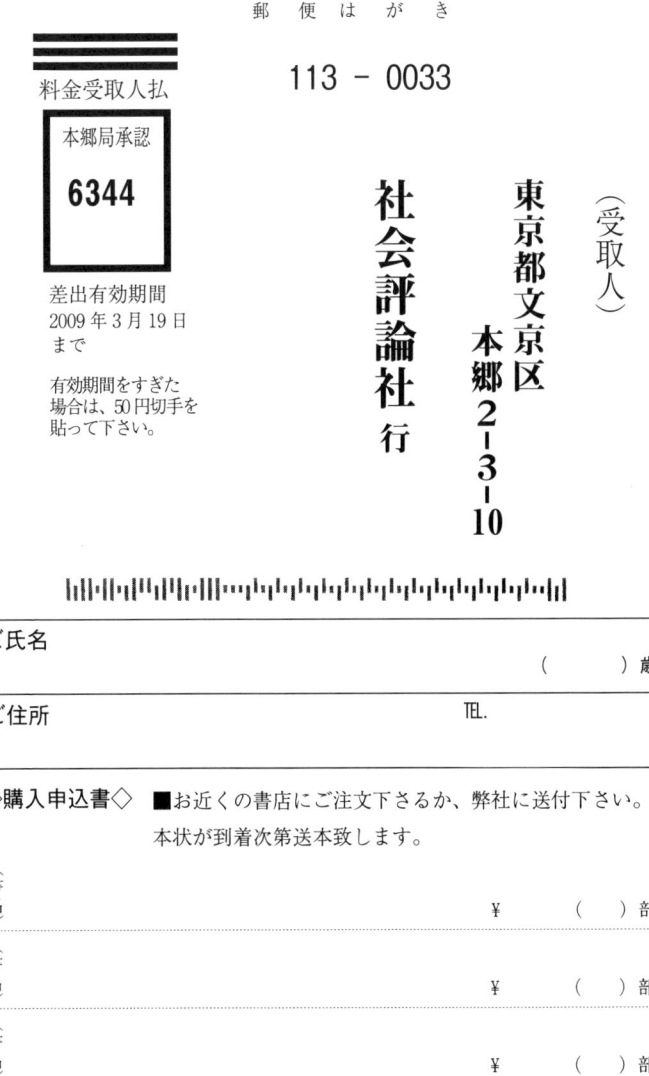

●今回の購入書籍名

●本著をどこで知りましたか

□(　　　　　)書店　□(　　　　　)新聞　□(　　　　　)雑誌

□インターネット　□口コミ　□その他(　　　　　　　　)

●この本の感想をお聞かせ下さい

上記のご意見を小社ホームページに掲載してよろしいですか?

□はい　□いいえ　□匿名なら可

●弊社で他に購入された書籍を教えて下さい

●最近読んでおもしろかった本は何ですか

●どんな出版を希望ですか(著者・テーマ)

●ご職業または学校名

なかなか言えることではないねえ、としきりに頷く。たぶん、話は巖さんの故郷のことになっていたのだろう。双葉山は大分県の出身、家業の海運業を手伝っていて右手の小指を潰されていること。五歳のときに友だちの射た吹き矢で右眼が失明していたハンディを克服して不世出の大横綱になったんだと話した。

ビールが何本目かになるに従って、私の方の気も大きくなり、畏怖感が薄れてきて、大分といえば稲尾和久。西鉄ライオンズ黄金時代の鉄腕投手である。小学生のとき、「稲尾和久物語」という映画が出来て、三度も見にいったことを思い出した。別府湾に乗り出し一人櫓をこいでいたシーンが浮かんでくる。ノンプロ星野組から毎日オリオンズに入った火の玉投手の荒巻淳のことなど、好きな野球の分野で応戦した。

巖さんは、僧侶であったお父さんが臼杵中学のサイドスローの豪腕投手としてならし、晩年には大分県の野球発展のために大きな役割を果したというが、氏自身は野球の方は特に好きという程でもないらしい。七高で柔道をやっていたことは聞いていたが、この日はもっぱら同じ系統の相撲の話題で終始した。両方から俎上に載ったのは、佐田ノ山や玉錦、土佐ノ海、もちろん双葉山を破った安芸ノ海。野茂茂雄や江夏豊、池永正明らで、みなそのルーツを五島列島から九州、四国、瀬戸内沿いに源を持っている。海で鍛えた体力と並みはずれたダイナミズムを言い合って、その日の結論は、柳田國男の山人論に対して海人論になった。

彼らは陸の上よりも海にいた方が似合う。板子一枚、踏みはずせば命を呑み込む荒波、強風に曝されながら闘い、自然の理不尽さに怒り吼えまくる。彼ら荒武者たちは、そんな姿のまま陸に上ってきてしまったのだと、私には思える。都市の単調さや平板さへの狼狽が一層拍車をかける。

寄らば大樹の陰、大半の社員が生活のためと称して、日本出版協会に対抗してつくった書籍協会の機関紙「週刊読書人」に移っていったのに、ただ一人、吼えるようにして「読書新聞」に残った無謀さ、資金もないのに金喰い虫といわれる雑誌、「伝統と現代」の発行をするというような行為は、とても陸の人、山の人、ムラの人とか平地人とか呼ばれる人のやることではない。

海の男は、自分の身は自分で守る。共同作業の最中でも、突然襲ってくる荒波やローリングで足元をすくわれないように常に心していなければならない。所詮は一人。互いに助け合い、もたれ合い、一人だけ突出しないように集団の規律内で生きる人々とはどこか違う。巖浩の、ときには独善的、一人勝手と批判される所以はこんなところにもある。海の論理は所詮陸の考え方からは理解され難い。年間四十二勝という考えられない記録を達成した超人・稲尾も一歩下って人を纏めるコーチ・監督としては成功しなかった。巖さんが、そんなことを重ね想ったことがあるかどうか、知る由もない。が、場違いな陸に置かれて、吼えるだけ吼え、走るだけ走ったあとに西の古都へと居を移していった。

西大寺の巖さんの庵は、予想した通りだった。すべてやるだけやった。じっと静かに休息しているという感がした。朝、といっても、もう昼近い。私の方はまだ昨夜の酒が身体の中に残り、頭を痺れさせている。しかし、巖さんの方が先に起き出し、雨戸を開け、茶を沸かし、洗面用具を用意してくれた。

一歩外に出ると、奈良の中心街からわずか二駅だというのに水田と畠からの草いきれが漂っていた。暖かい春陽が射し、どこからか桜の花びらが降り注いできた。深呼吸したら、ああ、ここは奈良だと感じた。

第1章　「日本読書新聞」時代

巖浩の「日本読書新聞」時代、「伝統と現代」時代を書くことは、趣意主眼ではない。五十九歳で倒産、破産という厳しい現実に直面したあと、住み馴れた東京を捨て、沼津、奈良、京都とほとんど知る人のいない世界に逃れながら、めげず、以後、むしろそれなりの豊かな途を切り拓いていった、その逞しさの一端を覗いてみたかった。

あと一年で還暦という年齢は、一般サラリーマンでも定年、老後の生活を考えれば一抹の不安やうら悲しさに包まれはじめてくる。ましてや職を失い、家も失い、金融業者らに追われるとなれば、この世を儚んで生を絶つ場面さえ頭の中に浮かべるのが一般である。巖の脳裡にも、そんな光景がよぎったことがあるのだろうか。それは分らない。しかし、今流にいえば発想の転換、価値観の転換とでもいうのか、郷に入ったら郷に従え、置かれた場所に適合しながら以前にも増して輝いていったように見える巖の老後に触れてみたい、と思った。

だが、一見捨てた東京時代、まったく断ち切ったと見えた編集、出版の世界だが、二十代から三十代、四十代、五十代と、人生の盛りに身体に染み込んだものは決して拭い去ることは出来ない。いわば、巖を取り巻いた本・活字の世界は、以後の生活を決定したわけではないが、決定的であったことは間違いない。

一九四九年（昭和二十四）年、巖は日本読書新聞を受けた。赤門に貼り付けられていた募集の紙を見て受けにいった。大学は出たけれど、などという言葉が流行った敗戦後の日本に東京大学を卒業したからといって、おいそれと就職口が待ち構えている時代ではなかった。大学構内のアーケードには多数の貼紙があって、当方芋あり、煙草と交換のぞむ、三四郎池にて何時待つ、なんて書いてあって行ってみると学生と学生が物々交換をしている風景があちこちで見られたという。

三名が採用された。採用の責任者は田所太郎である。その内の一名が巖である。残る二名は、玉利勲と徳江一正。玉利はのちに「朝日ジャーナル」の編集長や「朝日新聞」の読書欄の編集長として、書評紙に在職した経験をいかんなく発揮、社内では学芸部長よりも偉い、玉利王国といわれるほどの権限を持っていた、という。

田所太郎は、戦前から読書新聞に関わり、戦時中に一時休刊した新聞を、戦後いちはやく復刊させた。その辺りの顚末は、柴田錬三郎『わが青春無頼帖』に描かれている。その時代背景もよく描かれているので少し長くなるが引用する。

〈中野昭和通りの私の家は、すでに強制疎開でひき倒されてしまっていた。近くの叔父の家は、焼夷弾をくらって、焼けてしまっていた。私は行きどころがなかった。私に月給をくれていた日本出版会(読書新聞の発行母体)は解散していた。しかし、私は解散した日本出版会の建物である御茶の水アパートへ行ってみるよりほかに、すべはなかった。

幸運にも——。私は、その御茶の水アパートの前で、同じ復員して来た田所太郎氏と、めぐり逢った。田所太郎氏は、用紙不足で休刊になるまで、ずっと、日本読書新聞の主任をつとめていた。『錬さん、君は、必ず生きて還って来る男だと思っていたよ。……どうだい読書新聞を復刊しようじゃないか』田所にさそわれて、私は、わたりに船と、心をはずませた。焼土の中から立ちあがって、言論統制という悪夢を追いはらった新しいブック・レヴュ紙をつくることに、私は情熱をそそいだ。スタッフは、田所氏を編集長にして、わずか五人であった。その中には、大橋鎮子さんも加わっていた。

前にも書いた通り、私は、文化アパートの地下の一室に、不法起居をして、毎日、大橋さんから弁当をはこんでもらい乍ら、週刊紙編集に、夢中で働いた。小さな読書週刊紙を、少人数でつくるのである。原稿依頼をするにも、執筆者たちの住所は、判らなかった。やむなく、新刊の紹介は、かたっぱしから、自分で書きまくった。量子力学でござれ、共産党宣言でござれ、児童心理学でござれ、ありとあらゆる本の紹介を、やってのけた。

『リーダーズ・ダイジェスト』の発売日には、長蛇の行列ができる時代であった。国民は、活字に飢えていた。どんな本でも、出せば、飛ぶごとく売れた。『日本読書新聞』は、あっ

という間に、十万の部数になった。〉

終戦の日から、わずか三ヶ月後に復刊された読書新聞は、まさに田所の情熱の結晶そのものであり、同時に氏の貴公子然とした容貌や知性に心酔する者も多く、田所体制は揺るぎないものと思われた。

採用者三名のうち、玉利と徳江の二名が受けとった入社の採用通知は読書新聞からのものではなく、まだ出来ていない会社である図書新聞からのものだった。もう二十数年前、朝日新聞社（有楽町にあった頃）近くで、酒をご馳走になったとき、そのことを聞かされたことがあった。

事情はさっぱり分らなかったね。でも大して気にしなかった。そんな時代だったしね。俺は田所太郎の下で働ければ、それでいい、会社の名など気にしなかったね、というような意味のことを話してくれた。その時、将来、こんなことを記すことになろうとは思ってもみなかったし、当時の私は酒だけありつければいい日々だった。もっと詳しく聞いておけばよかったが、玉利さんは、もういない。

読書新聞に採用されたのは、結局巖一人だけであった。戦後の混乱期、ひとまず落ち着くと思われた田所太郎は、否応なく、この会社の特殊な事情と社会の情勢のために再び混乱を余儀なくされていた。戦犯出版社追放の波である。いっせいに復活したり誕生した出版社を中心に、戦時中、軍部の意向に同調したり協力する本や、戦争を賛美する本を刊行した出版社への戦争責任追求の火の手があがった。ＧＨＱ（連合国総司令部）は、軍国主義者の公職追放と超国家主義団体の解散を指令し、出版界でも、戦犯出版社を葬れ、の動きが大きくなっていった。

連日の査問や死活をかけた暗闘の末、日本出版協会から追放されたのは大手出版社、残ったのは小さな力のない出版社ばかり。前者は、やがて自由出版協会を設立、以後、出版業界の主流となってゆく。当然、日本出版協会から発行されている読書新聞は、加盟出版社からの支援も薄く、ただ読者の購読だけをたよりに続けていった。倒産、休刊は時間の問題だと噂されていた。

もともと孤高を持する田所は、そんな政治的な紛糾は好まなかった。自分が手塩にかけて育てた読書新聞への愛着を人一倍持っていたが、ほとほと嫌気がさしたのではないか。世俗の渦に巻き込まれぬ、本の世界に戻りたかったがゆえに、新しいメディアとしての図書新聞の創刊を決意したのではないか、と思われる。その辺りの詳細は、香内三郎、定村忠士著の『日本読書新聞縮刷版』の解説や、宮守正雄著の『ひとつの出版・文化界史話――敗戦直後の時代』や『昭和激動期の出版編集者――それぞれの航跡をめぐって』（いずれも中央大学出版部刊）、小林一博著『遺稿 出版半生記 1959――1970』、矢口進也著『図書新聞小史』（図書新聞刊）などを参照されたい。

話は巖に戻る。しかし、そんな社内、社外の事情など、大学を出たばかりの若者は知る由もない。入社後、少しずつ耳に入ってきたが頓着しなかった。生来の豪快さ、オプティミスティックな性格は、用紙の割り当て、奪い合いなど幾重にも重なり縺れ合った陰湿さを受けつけなかった。

もっとも巖より一年前に入社していた宮守は、意外な一面を披露してくれた。

ともかく紳士でしたよ。書評新聞の記者は、まず出版界の実情を、足を使って知ることが基本、という田所らの方針で二年生の宮守と一年生の巖は出版社や関係団体その他へよく連れ立って取材に行った。礼儀も正しいし、人の話に合わせるのがうまかった。かれは東大出なのに、そんなエリートが持ち合わせがちな高飛車なところが微塵もない、問屋（取次）や役所の下働きの人たちにもすぐに融け込んでいく。しいて言えば、まあ一度だけ、なんだかんだといって、どこへ行ってもマージン、マージンですからネ、と少し自嘲するような笑みを浮かべたことがあったという。

当時、読書新聞は、別に刊行していた月刊誌「書評」に携わる人も含めて三十人以上の社員がいた。その内、編集部員ではなかったが事務員など十人ほどが女子社員だった。新入社員の巖君は、そんな女の子たちの噂を独占していたよ。何しろ旧制高校時代に柔道で鍛えた逞しい身体の上に、学歴もエリート、顔立ちも凜々しいし、今風に言えばイケメンだったネ、と宮守さんは笑う。イケメンのはしりだよ、本当だよ、ともう一度繰り返した。

そういえば、彼の大学時代の先生はね、宮原誠一という人で、私が後に図書新聞に移ってコラムを連載してもらっていた。ある日、原稿を取りに伺ったとき、巖君の話になって、先生は、彼の卒論よかったね、地方文化や地域教育について書いたんだが、素晴らしかった。レポートも抜群だった。大学に残ってもっと勉強して欲しいと考えたこともあったけど、彼にはただ一つ欠点があってね。授業にはほとんど出て来たことがないんだよ。残念だね、と言ったという。

ちなみに宮原誠一氏は、元東京大学教授。一九〇九年に生まれ、七八年に死去。水戸高在学中にマルクス主義の影響を受ける。『教育と社会』、『青年期の教育』などの代表著書を持ち、わが国の戦後の民主主義教育の実践のために奔走した。『宮原誠一教育論集』は全七巻で刊行されている。

嶋瑠璃子は、そんな女子社員の中の一人だった。私が入った頃の彼女は、柴田錬三郎の下で「書評」の手伝いをしていたよ。とてもテキパキしていて、ともかくクレヴァーな人という印象がいまも残っている。そんな嶋さんが、イケメン君を手中にしたのか、イケメン君が才女にぞっこんになったのか、その辺のところは分らないけど、ともかく仲が良かったよ、と宮守さんは続ける。

育った時代のせいなのか、気質なのか、巖は、その辺りのことを尋ねても余り語りたがらないが、聞き出せた幾つかの断片はある。神保町や水道橋にはね、まだ都電が走っていてね、僕が酔って線路の上で寝てしまうと、瑠璃子がね、心配して、駄目じゃない、電車が来て轢いてっちゃうからって、肩を貸してくれて、よろよろと二人でよく歩いたなあ。

　ある日、編集長の唐木邦雄さんと長岡光郎さんに別室へ呼ばれていったことがあった。あまり二人がベタベタしているもので、社内では気をつけるようにと注意された。私は、はい、瑠璃子とは結婚しますって言ったら、二人はびっくりして、それならいい、なんて言われたことがあったよ、と照れ笑いをしたことがある。

　そんな巖も入社して十年になろうとしていた。出版界の戦争責任・戦犯社追求は何の結論も出ないまま、自由出版協会は、新しい組織としての日本書籍出版協会の結成となる。そして機関紙として「週刊読書人」の発刊へと動きはじめた。一九五八（昭和三十三）年のことである。しかも、メンバーの大半の引き抜きの挙句、会員社に対して広告出稿をやめるよう密かに指示していた。いわば、兵糧攻めであり、やがて読書新聞は閉鎖、陥落するだろう、と予想された。

　書協に移籍していったのは、職員十八名のうち、十一名。長岡氏らをはじめとしたベテラン職員が主だった。退職した者を除く、編集四名と、事務業務関係二名の六名だけが残った。最後の日、移籍してゆく者が右側、残る者が左側に陣取った。去ってゆく者たちの別れの挨拶がはじまった。巖には、彼らが何を言っているのか耳に入ってこない。辛うじて最後に「……われわれは去ってゆくが、今後の読書新聞も、遠くからではあるが見守ってゆきたい」と結んだとき、巖の反骨精神とでもいうべきものがムラムラっと燃え上った。何一つ解決していない、それに読者の存在をないものとした上に、いかに生活のためとはいえ、移籍してゆくことは巖には理解出来なかった。

自分の傍らに立っている六名を横目でみた。伊藤和子はまだ大学を出て間もない。東野光太郎は、文芸欄担当として、もう一人前だ。とくにチャタレイ裁判では、伊藤整の手足となって活躍し絶大な信頼を得ていた。とはいえ無欲で朴訥だ。この荒波を乗り切ってゆくのには、まだ入社して、わずかな年月しかたっていないが定村忠士が頼りだ。が、自分が中心になって、今後の会社の運営をしてゆかなければいけないと思うと不安がつのってくる。

そんな不安を圧し殺して平然と、いや傲然と言い放った。

見守ってもらわなくても結構です。われわれは今まで通りの道を進んでゆくだけですから、と。

経営の右も左も分らない三十代前半の巖を中心に、読書新聞は書協の予想に反して発行され続けていった。読者が見放さなかった。出版界の内紛なぞ、読者には関係なかったのである。また、やはり定村は頼りになった。片腕どころか両腕にもなった。後年、脚本家・批評家として『いま、北斎は甦る』などを著した定村は、まずシナリオを書き、フルに人脈を活かして奔走した。

まず、五高、東大で一緒だった谷川公彦に声をかけた。谷川は、民俗学者・谷川健一、詩人の谷川雁、歴史学者の谷川道雄ら兄弟の末弟である。谷川(吉田)公彦は、読書新聞を退職したあと、六四年、出版界を活性化するには、下支えをする良質の編集者の育成こそ重要だと、日本エディタースクールを設立。自ら陣頭に立ち多くの編集者を生んで今日に至っている。

それから営業部員として、福岡県田川中学の同級生、小林一博を誘った。小林は、家の事情から中学を卒業して炭鉱労働者となった。七年の坑内夫を勤めたあと、上京してその日暮しをしていた小林にとっては、渡りに舟であった。九州時代、酷使される肉体に鞭打って一日一冊、岩波新書を読むことを自らに課し、駅前の書店で読書新聞を買っていた。

広告を担当する小林の苦労は並大抵のものではなかった。ゼロから生み出すのではない、各出版社に出稿の禁止を仄めかす書協の締め付けがあるから、むしろマイナスからの出発である。急逝した東野の代わりに入社してきた冨田三樹と組んで歩きまわった。冨田は、のちに詩人、作家となった三木卓である。

冨田が、堀川正美、木原孝一、岩田宏ら詩人による原稿で記事をつくり、下段の広告をユリイカ、飯塚書店、昭森社、世代社（思潮社）で埋めた。ユリイカの伊達得夫が、森谷均、小田久郎に声をかけてくれたのだ、と小林一博は書いている。すでに戦後詩の出発点として、伝説になっているが、四社は靖国通りとすずらん通りの間の路地の奥まったビルの一部屋で、板張り一つで仕切って同居していた。やがて、岩波書店、筑摩書房、東京大学出版会というように出稿してくれる出版社が続いていった、という。

何よりも読者の存在が本当に大きかった、と巖は述懐する。当初予想された他紙へ移ってゆくことはなかった。それどころか、新しい読者が次々と増えていった。そんな読書新聞が一人の外側の人間には、どう見えていたのか。

〈かつて、この新聞を舞台にして吉本（隆明）・花田（清輝）論争をはじめとする数々の論戦が繰り広げられ、江藤淳から浅田彰に至るまでの新人がここをスプリングボードにしてデビューした。三木清、戸坂潤、清水幾太郎、丸山眞男、久野収、竹内好、鶴見俊輔、埴谷雄高、谷川雁……。同紙はいわば、昭和の知識人の峨々たる連峰が発する御神託の如き木霊を、活字文化を謳歌するかのように、紙のなかに嘉納し続けたのである。〉

〈新聞の中の新聞、出版社の中の出版社といわれ、大学祭のスローガンか学生運動の立て看板のような見出しで、左翼学生や文学青年を魅了してきた……就職シーズンには、編集室があった東京・文京区の石切橋には三〇〇人もの学生が列をなした。〉佐野眞一「インテリ書評紙『日本読書新聞』の〝戦後総決算〟――『業界紙諸君!』(中央公論社、所収)

六〇年前後の、巖編集長、編集局長の時代には橋川文三、吉本隆明、谷川健一、井上光晴、内村剛介、村上一郎、森崎和江、桶谷秀昭らが主要な著者に加わってくる。佐野が、知識人の峨々たる連峰と称したように、確かに錚々たるメンバーである。これだけの強烈な個性を一つ船に乗せて曳航する舵取りも大変である。編集部には定村と谷川に加えて稲垣喜代志、冨田三樹、水澤周、渡辺京二らが入社してきていた。著者たちは、のちの営為によってそれぞれの到達点へと至ったとはいえ、まだ五里霧中、手さぐりの中で自分たちの歩むべき道を探っていた。真剣勝負に似た緊張感が編集者との間に漲っていた。

後年、柄谷行人の出版記念会で隣り合わせた江藤淳さんが、僕のね、最初の商業紙でやった仕事は、読書新聞の同人誌時評だったんだ。闘病生活のあとで、身体に不安を抱えながらダンボールで送られてきた雑誌を何冊も何冊も読んだね。まだペンネームがなくて本名の江頭淳夫の名だったがね、と話してくれたとき、あと何年生きられるのだろう、本当に自分は生きてゆけるのだろうかと不安をつのらせながら、活字を睨み、その感想を遺書のようにして枡目を埋めてゆく姿が、もう大家となっていた江藤淳とどうしても重ならないまま聞いていたことを思い出した。

私は、これらの時代の七、八年あとに読書新聞に入社した。吉本隆明さん宅への何回目かの訪問のとき、奥さんは病気で入院されていた。一時間ほどの打ち合わせのあと、そうだ今日は早目の夕飯にしなければいけない、と二人の娘さんと私の分の餅を焼いてくれた。あとは買ってあったコロッケが二枚ずつ。生憎ね、かみさんが留守で。でも、僕は下町生まれだから、夕飯なんて、忙しいときはいつもこんなもんでね、と、言った。あっちっちっと、焼き上った餅を醤油の入った小皿に移したあとに、指を耳に当てておどけた仕草と、きちっと正座して両手で大切に餅を口に運んでいた二人の娘さんの姿が印象に残っている。姉は漫画家のハルノ宵子、妹はよしもとばななな、であることは言うまでもない。食べ終ったあと、私も出かけるからと原稿用紙を風呂敷に包んで持って出た。それ何ですか、と聞くと、実はね、鮎川さんから下訳の仕事もらっているんだ、と悪びれず言った。詩人・鮎川信夫は推理小説の翻訳も幾つかやっている。すでに、何冊かの評論集を出し、私らにとって眩しい存在の吉本さんだって、思想評論で食べてゆくのは大変なんだ、と言葉が詰まった。

この時代の読書新聞の主な書き手の人たちは、ほとんど大学の先生ではなかったことに気がついた。後年、教師になった人もいるが、大半は当時明日の生活が約束されていたわけではない。昼間勤め、夜少ない時間で懸命に原稿を書く人もいる。その日その日の暮しをかけて一編一編を書いていた。断腸の思いで蔵書を売って食い繋ぐ人もいた。

今、時代への発言をするほとんどの人が大学に勤め、大学から生活を保証されている。もう充分作家としてやってゆける人も、昨今では大学の看板となっている。そのことの落差は、文章の肌触りの違いとなって表われてくる。時代の呼吸、生活の匂いが感じられなくなっている、と書評紙の世界のシーラカンスはしみじみと感じるのだ。

ともあれそんな空気と緊張感は、あい対峙する編集者をも育てた。もっとも、彼らがもともと、それだけの器だったのかもしれないが。のちに示す、それぞれの航跡がそれを示してくれる。

稲垣は、地元名古屋に帰って、風媒社という出版社をはじめる。今でこそ北海道から沖縄まで、それぞれの風土や歴史を背負った出版社が出来ているが、当時は関西の数社を除けば東京に集中していた。なかなか相手にしてくれない取次や書店を粘り強く説得して創業に漕ぎつける。地方出版の魁である。後釜が出来たとはいえ、今でも会社の陣頭に立つかたわら、地元の大学で新しい出版人が育つために教鞭をとっている。

三木卓は、もともと詩人であり、童話作家であった。そのうえに七二年、小説「鶸（ひわ）」で第69回芥川賞を受賞、東京で生まれたが、満州で育った。敗戦直後の混乱期と帰国後の生活は決して平坦ではなかった、その過去の道のりを感受性豊かな眼で丁寧に辿った作品を多く書いている。もちろん、暗い部屋で本とほこりの中で仕事する読書新聞時代を舞台にした小説もある。

水澤は、ノンフィクション作家として、特異な外交官の生涯を綴った『青木周三』三巻、戦時中の母の体験をもとに『八千代の三年』、そして厖大な岩倉使節団の記録『特命全権大使 米欧回覧実記』の現代語訳と詳細な訳註を成しとげ、全五巻として刊行している。

渡辺は熊本に帰郷後、『宮崎滔天』『北一輝』『日本コミューン主義の系譜』などを刊行し、ほとんどの作品は『渡辺京二評論集』に収められている。氏の批評の底には、読書新聞時代に出会った橋川文三、吉本隆明の思想が深く流れ込んでいることは間違いない。

峨々たる連峰は、遠くから眺めていれば美しい。新緑を競い合う峰々、夕陽を背負って輝く稜線、真っ白く雪を頂いた山並みもいい。しかし、一歩分け入ってみれば、人を寄せつけない岩だらけの肌、足を滑らせば命も落としかねない絶壁、六〇年代、読書新聞を舞台に連なった面々には、そんなところがあった。また読者の方も現在とはだいぶ違う。熱い視線で、この羅針盤たちの論文を読んだ。だが、一筋縄ではいかないこれらの時代の個性たちを一つ俎の上に載せるのも大変な力業である。

著者と編集者のぶつかり合い。それを纏め上げる編集長はどうであったか。この世界に飛び込んで十余年、先輩たちの下で殊勝に勤めてきた巖に、重石がとれた。九州育ちの蛮カラスタイルで独特な空気を醸し出しはじめていた。

〈この新聞が言論界で重要な役割を担っていたころで、彼の書くコラム「有題無題」は知識人の間に沢山のファンを持っていた。いまはなき井上光晴、橋川文三氏らも彼の心友であった。私も当時駆け出しの記者として彼の配下にいた。

「おい、稲垣君!」と彼の声がこちらに向けられると瞬間、私は「ブルッ」と身内に震えが走るのが常だった。

その鬼軍曹の態度がいつのころからか、がらっと変わった。そして、週一度の長期連載記事を一年間、新米の私に書けという。……一、二回分の原稿を提出すると、鬼軍曹がニヤッと笑った。私もつられて思わずニヤついた。

この巖さん、編集長という役職柄、服装には注意しなければならぬのにいたって無頓着。ネクタイはおろか、夏などは白い野良着のシャツに腰手拭という姿で平然と出社。ときには素足にゴム草履という豪傑であった。〉

（稲垣喜代志の心から心へ「朝日新聞」九三年二月十三日夕刊）

去年、巖が上京した折、かつてよく通っていた新宿二丁目の「びきたん」という店に連れていってもらった。巖は三十数年ぶりだという。もう店は息子さんの代になっていたが、ママさんという人は矍鑠としていて週に何日かは店に出ているという。ビキタンは、現代思潮社の石井恭二、その友人で著者である澁澤龍彦や種村季弘らの溜り場だった。いまでは、経営をほかの人に譲って、「正法眼蔵」の研究に没頭している石井恭二の現代思潮社は、飛ぶ鳥を落す勢いだった。川崎浹訳のロープシンの『蒼ざめた馬』は、工藤正廣訳の晶文社と分け合ったが、何しろ「トロツキー選集」を刊行していた。六〇年安保闘争を機に旧左翼に代って、反権力運動の主役に踊り出た、いわゆる新左翼の学生たちが、バイブルとして買い求め続けた。トロ選を持たない学生はいなかった時代だ。石井は、その勢いで、赤瀬川原平、菊畑茂久馬、中西夏之、今泉省彦ら前衛画家を講師にして、「美學校」をも手がけていた。

「ああ、この人ね、一番覚えているのは、当時は熱帯魚なんていないから、こんな大きな水槽に金魚を飼っていたのよ」と、ママは両手を拡げて笑った。

「それをぐいっと持ち上げて、なかの水をぐいぐい飲み出すのよ。さすがに全部は飲み干せなかったけど、三分の一は飲んだと思うわ。それに金魚も何匹か飲み込んで、ケロッとしていたの。みんな笑うどころか、亜然としていたわ」と、その無頼ぶりを披露してくれた。類似したエピソードは、拾い出せばいくつもある。

そんな巖と編集部は、稲垣の紹介で入社してきた三木卓にとって、どんなふうに映っていたか。

〈当時の「読書新聞」編集部は、編集長以下中枢部が、なぜか九州出身者だった。外地引揚者のぼくは、日本と中国の違いということはよく考えたが、国内での地域による人間の違いということには、それまで案外無頓着だった。……しかし、九州出身の編集部員たちはそうではなかった。かれらは九州の位置を日本の歴史の流れのなかで意識していた。この人たちの心のなかを明治維新がまだ生きていた。そして今もなお、中央に対して九州は力であらねばならない、という意識を抱いていた。

そのうちの一人が、吉本隆明のところに行ってきて、

「吉本さんには、天草の血が入っているそうです」

と報告したら、編集長（大分の出身だった）が相好を崩して、

「そうか。そうか。なるほどねえ」

と、うれしそうにうなずいたのを覚えている。なんでそんなにうれしそうにするのだろう、と、ぼくは、不審に思った。

ぼくはここで、あらためて九州人の歴史意識というものに意識的になって相対したのだった。

日本にはいろいろ地域の意識があるが、九州はとくにすごい。中央へ力を及ぼすということにおいて（県によっていろいろニュアンスの違いはあるが、やはり、熊本、鹿児島、長崎などを中心にして）一貫した意識を抱いている。〉

（三木卓著『わが青春の詩人たち』岩波書店）

なるほど、と思う。敗戦から十五年、精神的にも経済的にもようやく落ち着きはじめ、地方から上京してきた学生たちを中心にした若者たちが、この国のあり方を考え、大きな波となっていった。学生運動の渦は戦後をずっと主導し続け、錆びつきはじめた中央権力への、じっと我慢し従い続けてきた地方の声の爆発であったという面もあったのかもしれない。六〇年安保闘争は、全学連委員長の唐牛健太郎を筆頭に大半が地方からの上京者たちだった。

地方出身者の声によって塗られた読書新聞の編集部の方針が、これらの渦動と共鳴し合った面も確かにあったのかもしれない。だが、これらは意図されたものではない。わずか七人しかいない社員で、予想に反して新聞を発行し続けているとはいえ、とても社員の採用試験などやっている時間的な余裕はない。結局、巖や定村が知人や友人に声をかけてみた結果に過ぎない。

ともかく六三年になった。五八年から四年余、その前年には編集長を定村に譲ったし、自らは編集局長となっていて、激動の時期を何とか乗り切ったという安堵感が拡がりはじめていた。そんなところに、平凡社の雑誌「太陽」の編集長の谷川健一氏から、マグロ船に乗ってアフリカに行く、その乗船記でも書かないか、という話が持ち込まれた。巖は津久見で育った海の男である。二つ返事で受けてしまった。最高責任者が四ヶ月も自分の会社を留守にするなんて、という不満の声と、この四年余の奮闘の功労に報いてやろうという声が二分したが、どっちにしろ、巖の身体はもうアフリカへと走りはじめていた。

十二月七日、日魯漁業所属の船で久里浜港から出港した。巖が乗った船は順風満帆だったが、読書新聞の方は、そうはいかなかった。

六四年三月九日号のコラム「週刊誌」欄が、義宮と津軽華子の婚約発表で過熱している各週刊誌の報道を批判した。そして、その一文の中に、義宮の身体の外見を揶揄する部分が紛れ込んでしまった。これに右翼団体が、皇室を冒瀆するものとして、読書新聞に乗り込んできた。

全日本愛国懇親会代表井田安太郎ほか十名が読書新聞にやってきたのは四月二十三日午後三時二十五分。十八日夜の十時にアフリカから帰国したばかりの巖と、編集長の定村が応対した。大塚警察署から十数名の警官が警戒待機するものものしさだった。それでも冷却期間をおき、数日内に出向いて話し合うということで、この場を収めた。

三年ほど前（六一年二月一日）、新宿区市ヶ谷の中央公論社社長の嶋中鵬二邸に無断で上り込んだ男がいた。社長が不在だったために夫人とお手伝いさんをいきなり刃物で刺した事件が、巖の脳裡に浮び上った。お手伝いさんは病院に運ばれる途中で死亡、夫人も胸を深く刺されて重傷を負った。犯人は、大日本愛国党員を名乗る、二十五歳の青年だった。前年「中央公論」誌上に掲載された、深沢七郎の小説「風流夢譚」に、皇族を侮辱する場面がある、と右翼団体からの抗議があり、中央公論社は謝罪したが、収まらなかった。

出版界のことではないが、その前年の十月には、日比谷公会堂で行われていた党首演説会で、社会党の委員長である浅沼稲次郎が、全アジア反共青年連盟党員、元大日本愛国党員の十七歳の少年に左胸部を刺されて死亡するという事件もあった。

世の中が、右と左に別れて騒然としていた。左翼学生運動の盛り上りに対して、危機感を抱いた右翼の若者が、暗殺主義に走りはじめていた。読書新聞が、右翼に抗議されていることは、出版界だけではなく、マスコミや一般の人たちもじっと注目していたが、表面は固唾を飲んで見守っている体であった、とその一週間の雰囲気を、小林一博は書き記している。

右翼の抗議を載せ、同等量分の反論を掲載するという巖の解決案は、編集部の会議の俎上に載せれば否決されることは分っていた。が、嶋中事件に巻き込まれたお手伝いさんや夫人のことが頭から去らない。社員、とりわけ事務や業務の者に何かあってはならない。何かあるのは自分一人にとどめなければいけない。

巖は一週間後、単身右翼幹部宅に出かけていった。あらかじめ連絡をしておいたので門前には若い衆が待っていた。何人かの集団で来ると思っていた彼らは、たった一人だけだということで驚きもし、戸惑いの様子もみせた。奥の方へそのことを伝えに走り出す者、物騒な武器でも隠し持っていないか、ジロジロと眺め、身構える者もいた。

門から玄関まで歩く時間がものすごく長く感じられた。この一週間の幾つかのことが巖の脳裡を掠めた。

自分の方針には間違いない。誰にも相談することなく決定した。社員全員が集まって開かれた会議では、巖の案は否決された。左翼に伴走する新聞と見られ、また、そのことを自負する編集部のほとんどが反対の意見を述べた。だが、一歩も譲らない巖との間に、膠着状態が続いたあと、渡辺京二が発言した。

「我々は、巖氏の意見を否定した。しかし結果は過半数の二分の一以上ではあったが、重要事項を決定する三分の二には達していない。したがって、ここは最高責任者の巖氏に一任すべきである」。

巖は、この助け舟といってもいい渡辺の意見に、ほっとした。その足で、親友の橋川文三の家を訪ねた。別にこの顚末を喋るつもりはなかった。アフリカから帰ってきて、無性に日本語を喋りたかった。会社の定村でもいい、谷川や小林、渡辺でもよかったが、気楽にマグロ船でのことや、アフリカのことを話す状態ではなかった。心置きなく酒を汲み交わしながら語り合えるのは、橋川が一番だった。

橋川は、政治思想史学者の神島二郎に、すぐれた論文を書く奴がいるといって紹介された。まだ明治大学の教授になる前だった。もちろん名著『日本浪曼派批判序説』が生まれるのは後年のことである。弘文堂にも勤める前だったような気がする。雑誌社のようなところに訪ねた記憶がある、というから、きっと雑誌「潮流」に勤めていた頃ではないか、と思ったが潮流は五〇年三月に解散しているので違う。いずれにしろアルバイトもどきの繫ぎの勤めだったに違いない。依頼に応えて持ってきた橋川の論文の出来は巖を唸らせた。読書新聞にははじめて書くまだ若い論客なのに、異例のことだがフロントページに掲載した。題は「世代論の背景」(五八年一月一日号)、これが一般ジャーナリズムに書いた橋川の最初のものだ。

数日後、安い原稿料を持って護国寺近くの橋川のアパートを訪ねた。橋川は喜んで連れだって近くのカレーライス屋へ行って乾杯した。だいたい橋川さんはカレーライスが好きでね、ある日電話がかかってきて、カレーをつくったから食べに来ないかって。行くともう出来ていて、アパートの床に鍋が置いてあった。何かの拍子で橋川さんが躓いて、鍋の上に尻餅ついてしまった。ズボンはカレーだらけ、結局外へ出て、カレーライスを食べたけどね。

結婚して、桜上水のマンションに移ってからもよく出かけていった。二人で歌をうたう。奥さんがピアノが上手で伴奏してくれる。時々、同じマンションに住んでいた井上光晴が加わったりして、いや実に楽しかったな、と巖は振り返る。だが、二人とももう亡くなってしまったんだね、と一瞬、顔を曇らせた。その夜の紀行話は盛り上らなかった。橋川は、もちろんそのことの原因は知っていて、自分が取材で知り合った人に、その方面の人がいる。間に入ってもらおうか、と救いの手をさしのべたが、断った。

巖はもう一人にだけ、無事帰国の報告に行った。竹内好だ。橋川が兄貴なら、竹内は心から親しく敬愛する師と感じていた。

〈兵隊の関係と戦後混乱のために遅れに遅れた東京での学生生活を、辛うじて送っていて、芋の買い出しやらトラックの上乗りの労働やらで忙しかったのだが、二十三年は翌年の卒業をめざして卒論なるものにもとりかからねばならず、しかしそれは一向にはかどらぬまま、戦中末期に鹿児島の旧制高等学校生のときに手にした魯迅選集をまた取出したり、その著者たちについては殆ど知らぬままに林達夫の『歴史の暮方』や中野重治の「五勺の酒」などを読んでいた。〉

〈魯迅については、中国大陸で進行中の国共内戦に関心を寄せながらの再読だったが、さらに、これも偶然に本郷の古本市場で竹内好の魯迅論を入手し、大学の公開講座で同氏の話を聴き、以後十数年、公私にわたってこの人との接触が続くことになるその端緒となった。〉

（以上、巖浩、甦るあの頃の風景「アララギ派」二〇〇五年六月号）

この頃の竹内は、浦和近辺に住居を転々とし、稿料と講演、蔵書を売っては糊口を凌ぐ状態だったが、自宅に若い学者や学生を集めて、中国語や魯迅の勉強会をやっていた。巖は、出来るだけ時間を見つけて参加していたし、楽しみでもあった。

だが、この訪問のときには、もう竹内は吉祥寺に越していた。しばらくすると、話は結局、読書新聞のことになり、竹内の質問に曖昧に答えていると、いきなり、ちょっとおいで、と巖を書庫に連れていって、並んでいた蔵書の中から『歩兵操典』を取り出すと、君、こんなときには、これ、これだよ、と指さして、読み上げた。

【独断専行】自分の判断だけで、思いのままに事を行うこと、と広辞苑にあるが、軍事上緊急の場合、司令部や上官に指示をあおいでいることが不可能な状況のとき、その部隊や集団の責任者の判断で行動するというような意味だろう。

別に竹内好のアドバイスがあったから、方針を決めたわけではなかったが、それでも竹内の意見と自分の考えが一致したことは心強かった。

右翼事件が巖浩の八十年の人生に於いてどれだけの比重を占めたかは分らない。しかし、これほど多くの執筆者が連名で、一つのメディアの方針にまで関与したということは出版史上、空前にして絶後のことである。それだけ読書新聞の占めていた位置が特異だったと言える。現在、その全文は不二出版から刊行された日本読書新聞縮刷版で読むことが出来る。しかし、大手公共図書館か大学図書館といった処に限られていて、なかなか一般の人の眼には触れにくい。しかも縮小版ゆえ数カ処が判読出来ない。巖氏本人に推定・判読してもらって、長くはなるが全文を掲載する。

本紙三月九日号三面「週刊誌」〝大衆への裏切りである〟と題する記事は、「週刊新潮」三月三十日号「東京情報」（ヤン・デンマン）で〝皇族侮辱の記事〟としてとりあげられた。これについて、別項記事のような大日本愛国団体連合からの抗議が本紙宛にあった。本紙ではこの問題を慎重に検討し本紙巖編集局長が代表して右連合代表と交渉した結果別項の本紙見解を合わせて発表することを約束した。この処置に対して石井、吉本氏らが五月十五日本紙に来訪、おなじく別項のような抗議を巖局長に手交したので、これに対する巖局長回答をあわせてここに掲載する。

愛国団体連合からの抗議及び本紙巌編集局長の見解

大日本愛国団体連合では四月二十三日午後、第二十二回全日本愛国者大懇親会の決議により本紙を訪問、左の「抗議文」を巖編集局長に手交した。

「貴会発行三月九日付「日本読書新聞」第三面掲載の「週刊誌」なる欄の論文は義宮と津軽華子姫の肉体上の問題を興味本位に捏造し意識的に皇室の尊厳を冒瀆せんとする悪虐不逞の行為といわざるを得ない。待望久しき義宮の御結約相斉い両陛下は元より国民挙げて御二方の前途を祝福しているこの時言論の自由に名を藉りてかかる大不敬大反逆の論文を発表するとは人に非ずして鬼畜に類する所行と称するも批評の言葉が無くその罪万死に価すると断じて過言ではないのである。われわれ又貴会のかかる逆徒的行為に心底よりの憤激を覚へると共にこれを黙過し能わざるものがあり由って其の責任を断固追究し次の二点を要求するものである。

一、「日本読書新聞」を即時廃刊すべし

一、皇室の尊厳冒涜の大罪を天下に謝罪すべし

右本大会の決議を似て抗議す」。

◇

これについての本紙巖編集局長の見解は次のとおりである。

「この抗議文を寄せられたことは愛国団体連合の立場からすれば尤もと思うが、問題の文章の趣旨はマスコミ批判であることは誰にも明らかである。日頃はエロやのぞき趣味で売っていて皇室のこととなると途端に純情ムードをまきちらす、そういう傾向を批判したものであり、決して無根拠ではないと考える。本紙は皇室に対して格別の尊崇の念を持つものでも、その逆でもなく、皇室のことなら一から十まで無批判という態度はとらない。この立場ははっきりさせておく。

しかし今回の一文中、御指摘の個人の肉体上のことを云々した言葉については、それがこの一文の趣旨表現上必須のものであったとは思わない。むしろそれが皇室に向けられたものであれ、一般市民に向けられたものであれ、間違っていると考える。この点、われわれが誤りをおかしたことは、残念であり、責任者としてここに全読者に対して遺憾の意を表するとともに、今後もこのような言辞はこれを採らないことを改めて明らかにする」

十三氏からの抗議・勧告及び本紙巌局長の見解

「言論の自由を後退させないための抗議および勧告」

三月九日付、日本読書新聞週刊誌評匿名コラムに掲載された文章について、皇室を侮辱するものであるとする全日本愛国団体連合よりの、同紙の陳謝および即時廃刊の要求決議に関して、これまで全経過における日本読書新聞の自立に対する、われわれの懸命な援助、友情ある勧告にもかかわらず、同紙がこれに屈服することをわれわれは了承しない。

なぜならば、これは日本読書新聞のこれまで果してきた社会的政治的役割に照らして、同紙面上で、この右翼の要求決議を掲載し、また、それに釈明する如き行為が、同紙の言論表現の自由の明白な放棄であり、その社会的責任の放棄を意味するからである。

左翼、右翼と政治勢力のはざ間に、空疎な言論の自由を守って進退きわまるジャーナリズムの状況は、まことに右往左往、今日の全情況の滑稽な縮図である。

よって、われわれは、右翼の抗議文の掲載される号において、われわれのこれ迄の援助・抗議を含めて、今回の事件の全経過と同紙責任者の自己反省とを発表することを要求し同時に、日本読書新聞を廃刊すべきことを勧告する。

上記抗議勧告者代表

石井恭二、岩渕五郎、内村剛介、黒田寛一、笹本雅敬、谷川雁、野田重徳、埴谷雄高、松田政男、森秀人、森崎和江、森本和夫、吉本隆明。

本紙巌編集局長の見解

「皆さん方の熱心な助言には心から感謝する。本紙が愛国団体連合の抗議文を掲載し、かつ、これについて釈明することは、「言論表現の自由の明白な放棄」「社会的責任の放棄」であるという観点はこれまでにもしばしば繰り返し説かれた。

しかし私は、責任者として、認めるべきは認めるのが当然と思っている。一旦紙面にでた文章でも不可と認めれば、そのことに対して遺憾の意を表することは、恥ずべきことと思わない。そしてその指摘者が「右翼」だからという理由で、紙上で答えるべきではないとは思わない。

今度の場合、問題の匿名の一文中の一句は、特定の個人に肉体上の欠陥があるかのごとく読みとられると判断した。そのような言葉を当方の不注意で紙面に出してしまったことを認めたのである。そのことが自由の後退を意味するとは信じがたい。

なお今回の「事件」の全経過、われわれに示された諸意見、本紙の見解等は次号以降において発表することを予定している。」　（「日本読書新聞」一九六四年五月十八日号）

本紙では前号第二面に、三月九日号「週刊誌」編をめぐる大日本愛国団体連合からの抗議とそれへの本紙巌編集局長の見解、および、この本紙の処置にたいする吉本隆明氏ら十三氏の抗議・勧告とそれにたいする巌局長の見解を発表した。ここに掲載するのは、今回の「事件」に関する巌局長の経過報告である。この問題は、本紙編集の基本的立場にかかわるとともに、今日の思想あるいは文化のありかたとも無関係ではありえないことがらであると考える。すでに前号発表の記事についてさまざまな読者からの声が寄せられているが、われわれとしては、すべての立場からの、支持あるいは否定の見解を率直に聞き、今日のジャーナリズムおよび本紙がおかれている現位置と、今後の方向を明らかにしていきたいと願っている。この問題および本紙の態度について、全読者からの批判を期待するゆえんである。（編集部）

顧みれば往事茫々として霞の如し、ということになるかもしれないので、今のうちに、ここ一ヵ月の間に起った事柄・私の行動・所感など織り交ぜながら、日記の体裁で書きとめておく。

◇

四月十八日（土）夜九時五十分羽田空港に帰着。行きは四七九トンの漁船、帰りはパンアメリカンのジェット機というわけだ。去年十二月七日に久里浜の港を出て四ヵ月半、せちがらい日本とは思っても、なつかしい顔々に迎えられてみると、やはり嬉しい。思うさま日本語でしゃべることができるというのもその一つだ。

「右翼が来る」の連絡

四月廿三日（木）朝、大塚署より「今日午後、右翼がオタクに押しかける」との連絡あり。原因は三月九日号の「週刊誌」欄という。読んでみると、それは皇室婚に対する週刊誌の取材態度を批評したもので、趣旨はまずまっとうだが文中に次の一句がある。即ち「この御両人、どう見ても性的発育不能者。」いかん、と瞬間思う。

それからとつおいつ考えた。なぜ、この批評にとって非本質的なバカげた言葉が紙面に出てしまったのか。執筆担当者は何を考えてこれを書きつけたのか。おそらく他意はないのだ。甘やかされた感覚の鈍磨……。われわれに「不敬」という観念はない。しかし、肉体上のことを悪しざまにあげつらって人間を論ずるのは恥ずべきことだという認識は、万人共通のルールであるはずだ。殊にこの一文は匿名である。対外的責任は完全にこちらにある。

こう考えて会うハラをきめた。今日は出張校正の日なので男手は数名しかいない。もし騒ぎが起ってもウロチョロするなとか、ひっくり返されたりして困る物は片付けておけとか、スリッパを揃えておけとか指示する。

警察が来る。「責任上、近所に警官を待機させ、万一の場合すぐ連絡できるようにしておきたい」という。「右翼といってもお客さんなのだから、あまり仰々しい警戒ぶりは困る。もし乱暴沙汰になるようならよろしく」と答える。警察の話では今日のは愛国団体連合という団体で、いま愛国者大懇親会という会合を開いているらしい。

思えば二十年前、かつての血盟団員四元義隆氏に高井戸の家で芋ガユを馳走になって陸軍に入営したのだったが、因果はめぐるものだなあ、と感慨にふけっているうち、三時半、十人ばかりがトラックで社に乗りつけた。二階の応接室の窓から外を眺めていると「失礼」と声をかけて入ってくる。

会見の内容

定村編集長と二人で会う。代表格らしい年輩の人物が「言論同志会・井田安太郎」と名乗る。他の青年諸氏もそれぞれの団体の幹部らしい。この新聞の責任者は私であることを告げ、紙に姓名を書いて差出し、別の紙に先方の姓名を書いてもらう。抗議文朗読・手交のあと、井田氏があらためて抗議の趣意を述べ「廃刊」と「謝罪」の二つの要求に対する回答を迫る。やはりあの一句が問題にされている。

廃刊はできない旨答えたあと、あの一文はマスコミ批判であること、本紙は皇室や天皇制について無批判的態度はとらないこと、この立場は、私が貴会の立場の変更を強要できないと同じく、変えられないこと、しかし御指摘の一句は当方のミスであり、私自身の立場から非常に残念に思っていること等を話す。

これらの会話中、井田氏が、世間では右翼＝暴力団と思っている向きもあるがわれわれはそんなものではない、みな相当に勉強もしているのだ、と強調していた点が印象に残った。たしかに卓を叩いて強迫的言辞を弄するというようなことは一切なかった。

しかし、立場はそれとして仕方ないが、あんな一句は黙過できない、とさらに謝罪広告掲載を要求する。

「その点は、謝罪広告というものの非生産性を信ずる私に考えるところあり。が何しろ実は長い航海から帰ったばかりでその間の経緯を知らない。早急に事情調査の上、数日後に今度は私が出向きましょう」「では連絡をお待ちします」ということで会見を終る。

四月廿八日（火）井田氏に電話する。明後三十日、田園調布の福田素顕氏宅に御足労願いたいとの返事、そこは防共新聞社であるという。承知する。

これまでに分った点は、週刊新潮三月三十日号で「ヤン・デンマン」という「外人記者」？がなぜあんな一文をほうっておくのかと書いていることである。

防共新聞社訪問

四月三十日（木）一時半すぎ、多摩川園前に着く。近くの肉屋で福田氏宅をたずねると、店のオヤジと娘がすぐ教えてくれる。目黒の駅便所にしゃがんで心胆をおちつけたりしていたので二十分ばかり遅れそうだ。急いで歩く。門前にトラック一台。それから先日社で会った青年が待っていた。

部屋に通ると幹部らしい風貌の四人が応接台を囲んでいて、「おひとりですか」という。名刺が出される。大日本愛国団体連合・時局対策協議会事務局長長谷幸祐（言論同志会中央本部幹事長）、同副議長柿本信司、日本道義振興会々長木村清、防共新聞主幹浅沼美知雄の各氏。さっきの青年は防共新聞社福田恭介氏で素顕氏の息子さんだと紹介される。

わたしの考え

ここで私は一つの提案をした。

——あらためて原稿を書く気はないか。それは無論こんどのことから始まるものだが、もう少し突っこんだ貴会の思想をも述べてもらう。それに対して私の方も書く。これは逃げの手段で言っているのではないので、その文中で問題の一句については必ず遺憾の意を表明する。

この提案の底にはこんな考えがあったのだ。そもそも人間の思想というものを右と左に機械的に区分して縁のないものとすることに私は反対だ。つまり私はこの機会に一種の対話を「右翼」との間にひらいてみたかったのだ。

極力説いたが残念ながらこの提案は完全には受け入れられなかった。「こんなことで理論闘争までする気はない」というのだった。あの抗議文でわれわれの意志ははっきりさせてあるのだから、あらためて長い文章を書かなくても、あれを掲載してもらえばいい。そこにあなたの遺憾の意を表した回答を付けるということでどうだろうという。

なるほど抗議文をそう見做してもいい。そこで即答した。本紙上に抗議文を載せよう。その分量にほぼ見合った長さで回答を付けよう。「その回答には私の方の立場・考え方を最小限盛りこみますよ」「それで結構です。これならフェアーだ」ということで、次週原稿を見せることを約して別れる。

五月六日(水)十一時半田園調布。先日の各氏に今日は福田氏、井田氏もいる。草案を示し、二ヵ所ほど私が字句修正する。ほぼ納得。事務局長が「立場の相違は仕方ないが、あなたの誠意を感じた。今回のことはこれで終りとしましょう」と述べる。浅沼氏が「あなたは共産党春日派だという情報があるがどうか」という。この質問には全く困惑する。左の方からも同じことをきかれたことが何度かある。してみると、こういうウワサの出所は一つなのかもしれないいなあと思う。

掲載一号延期

五月八日(金)印刷工場。降板二時間前、定村君から掲載を一号延ばしてくれと懇願される。部員が、もう数日熟考したいと要望しているし、また、さっき今度のことを伝え聞いた吉本隆明氏や石井恭二氏などから電話があって何とか掲載しないでくれと説かれたのだという。それにまだ匿名筆者に連絡がついていないという。それはいけないのでついに一号延期を決定する。その旨を長谷氏に電話。了承してくれる。

五月九日(土)匿名筆者から定村君に電話。「僕の名前が一部に洩れているようだがケシカラン」「今回の処理は紙面に出さない方法でやってほしい」の二点を述べていたと報告あり。

五月十三日(水)これまでに得た諸意見を編集部で報告する。――私の考えは①肉体上のことを悪しざまにあげつらって云々と廿三日の項で述べたことが基本であり②指摘者が右翼だからといって何でもかんでも無視することはいけない。それは三十日の項でも述べた通りである。

ここでは私の措置をとにかく認めてくれた多くの人々の意見は省略して反対意見を記しておく。

発表反対の意見

一、「その言葉自体はいかに愚劣と見えようとも、その人の内的な激しい情念が凝ってその一句となるような場合もあるではないか。その人にとって内的必然性をもったその言葉は動かしがたいものなのだ」——それは分る。大体、文章表現というものはそういう要素を含む。しかし、では今問題になっているあの一文とあの一句の関係をどう考えるのか。

二、「右翼の抗議文を載せること自体が既に敗北だ。ましてやそれに対して何か釈明するなど、もってのほかだ。」——これについても私の考えを対置させるだけのことだがなお補足すればこういうこともある。答える必要はないという人々は、当然「右翼」を並の相手と認めていないわけだが、そうすると、そういう相手に何かの場合抗議する根拠もまた失われるということになってしまう。

また「右翼」に共通して見られる一種の被害者意識、言論市場における被害者意識も決して軽く見すごせる問題ではない。

三、「一歩を譲ることはすべてを譲ることだ。これ迄の主張・立場に責任をとらないことになる」――だが、すでに述べた私の考えからすれば、この見解にも「私はそう思わない」というだけだが、「お前はそう思わなくても社会的にはそう見られる。そうしてこの新聞に期待している人々に大きな失望を与えることになる」と論者はいう。

「原理」とこの新聞

「ちょっと待って下さいよ」と私はいいたい。私はこれまで天皇制批判も左翼批判も右翼批判もやってきた。これからもやるだろう。だが本紙は政治結社でもなく思想団体でもない。もしそういうものなら、黒を白と強弁してでも押し通さねばならぬ場合があろうとは察しがつく。しかし、特定個人に肉体的欠陥があるかのように書いた一句をすら強弁しなければならぬという原理を、この新聞に持込むのは筋違いと思わないか。

この一句の軽率を認めることで言論自由の堤が決壊するなどという大ゲサな言い方は、何かの意図をもった戦術的使用法ならいざ知らず、信じがたい。もし、そう信じて悲しがるような読者ばかりなら、また何をか言わんやである。

五月十四日(木)夜、当初の方針通りに行なうことを最終的に確認。定村君が匿名筆者に会い、この旨を伝える。同氏は「匿名筆者としては貴紙がその措置をとることは自由と認める。しかし一個人としては抗議する権利を留保する」と述べた由。

十三氏からの抗議

五月十五日(金)十一時前、印刷工場に行く。反対意見の吉本氏に電話。いないので同じ反対者の石井氏に電話、「せっかく熱心な助言をいただいたが当初の方針通り今日実行する」と伝える。「承わっておくが、後刻われわれ数名でお会いしたい。それは読書新聞に対する正式の抗議をしておきたいためだ」と石井氏。そこで二時に工場で会う約束をする。

一時頃、東京新聞から電話あり「今日午後二時に右翼がそちらに押しかけ、オタクと会見すると聞いたが……」という。「そんなことは全然ない」と答える。

二時二十分、吉本隆明、石井恭二、森秀人、平岡正明、佐野美津男、岩渕五郎、松田政男の各氏が来る。他に場所もないので校正室の隅で会う。抗議文朗読ののち、方針変更を要求される。断わる。さらに何度も要求される。やはり断わる。「なぜ変更できないのか。われわれが正式抗議に来たことは新しい事態の発生なんだから少なくとももう一回延期はできるだろう」「既に一回延ばしている。これ以上延ばせないというのは私の判断です」というふうなやりとりあり。

ではこの抗議文を同時に掲載し回答を附せということになった。それは承知したと即答する。このことをめぐって抗議団側に長いこと内部論争あり、佐野氏、平岡氏が連名から下りる。平岡氏の理由はよく分らなかったが、佐野氏は「方針を変えないからには読書新聞には今後私は協力しないことにしたから」というもの。

四時半、会見を終る。

あとで知ったのだが、さっきの東京新聞のほか、読売、サンケイ両新聞からは印刷工場側に、やはり「今日二時に右翼が押しかけるそうだが…」という旨の電話があった由。工場側では愛宕署に連絡、警官が三人ばかり来たりしていたが、事実は、サニ非ズと判明して私が会見している間に警官も引き上げたという。

夜八時、新聞できあがる。

五月十八日(月)吉本・石井氏らの抗議文に名前を出していた埴谷雄高氏には書評原稿を頼んであったので、「抗議文を拝見した。お原稿はどうなるんでしょう」とうかがいを立てたところ、「実は電話できいただけで抗議全文は知らなかったのだ。もちろん原稿は書く」とのことでしたと部員から報告あり。

編集主体の問題

五月十九日(火)この稿を書く。先月の昨日、長い旅から帰国して、やれ日本語を楽しもうと思ったのが、どころか、苦しめられてしまった。書きながら、編集主体の問題を考える。それは一旦紙面に出たものを軽々しく間違いだったと認めるようでは困るじゃないか、という意見に関係する。これは一般原理としてまさにその通りだ。しかし、それ故に今回の一句が「ルール違反」であることをも飽くまで認めないとはいえない。

つまり、残念ながら逆の方向からでも、編集主体が本来もつべき緊張と節度を確立しなければならないということだ。

◇

以上書きつらねてきたのは、眇たる一小企業三十日の経過だ。以て日本ジャーナリストの共有の経験に資するところがちょっぴりでもあれば幸いである。

（「日本読書新聞」一九六四年五月二十五日号）

第2章　「伝統と現代」時代

雑誌「伝統と現代」は、伝統と現代社から創刊されたものだとばかり思っていたが、そうではない。創刊は一九六八（昭和四十三）年五月一日、新宿区戸塚町一の四一〇の学燈社からである。学燈社は雑誌「国文学」の刊行をはじめとした、国文学関係の参考書、研究書を出している出版社である。

その辺の事情を、編集長だった松永辰郎氏は、創立二十周年事業の一環として、何か面白い雑誌を出してみようということで計画されたんです、という。

確かに、特集「処刑」で出発した、この雑誌の創刊の辞には〈姉妹誌「国文学」が、深く鋭い解釈鑑賞の面を追求するに対し、本誌は社会・歴史学的考察に重点をおいて究明するもので、両誌は表裏一体にして文学の真髄に迫ろうとするものであります。

洒脱にして軽妙、有益にして面白い雑誌をと希って……創刊された次第であります〉と記されている。

最初は隔月刊行で、第二号は七月一日発行で特集・心中、第三号は九月一日発行で特集・妖怪。

第四号から毎月発行となって十月号が特集・祭り、十一月号は特集・犯罪、十二月号が特集・娼婦で、ここまで定価二九〇円。年がかわって新年号の特集・地獄から三二〇円となっている。以下二月号が特集・天皇、三月号特集・放浪、四月号特集・婚姻、五月号特集・大学、六・七月は合併号で特集・武士道、八月号は特集・呪術、九月号特集・軍隊、十月号特集・教祖、十一月号特集・叛逆、十二月号特集・ユートピア、となっている。

創刊号から三、四号目まではものすごく売れました。創刊のときは、青木保さんが読書新聞に寄稿して全面広告をうったりしたし、読者からの問い合わせが殺到しました、と松永さんは続ける。

しかし、だんだん部数が落ちて、会社も負担になってきた。当時、学燈社は四十人も社員がいて、その内三十五人は組合員。時代の風潮ですね。日本全国で学内紛争が起きていて、会社の中もゴタゴタしていた。六八年創刊された「伝統と現代」も結局、六九年十二月で休刊になってしまった。〈タブー視され、疎外されたものこそ、現在の文化・芸術にとってとりあげるに値する未開の分野ではないかと思われます。このような編集方針の下に、今後もつづけて意欲的なテーマを特集してゆきたい〉（六八年十月号編集後記）と記した熱意も、〈止むを得ぬ事情により〉（六九年十二月号、休刊にあたって——編集後記にかえて）と書くことを余儀なくされた。一人奮闘した松永さんの無念さが伝わってくる。愚痴めいたこと、弁解めいたことのない、簡潔な文章だけになおさらである。

松永さんとお会いしたのは、昨年の十二月。法政大学出版局に用事があったついでに、急に思いたって面会を願った。突然のことで、何の準備もない松永さんは、嫌な顔もせずに初対面の私に四十年近くになろうとしている昔のことを淡々と話してくれた。現在は、叢書ウニベルシタスとシリーズ・ものと人間の文化史をもくもくと編んでおられる。もくもくと、と現場を見たこともないのに形容をしてしまったが、きっと、そんな表現がぴったりの仕事ぶりと性格であろう、と推測させるのだ。

二つのシリーズはもう四〇年になろうとする長期間の重厚な企画である。ものと人間の文化史は私の好きなシリーズである。肌色の表紙に、ただ墨色で、タイトルそのもの、橋、船、日和山、狐、森林……と無愛想に表示されているだけの本が私の本棚に並べられている。そして頁を開くと無駄のない、そのものズバリの論考がビッシリと詰まっている。中には一冊で収まらず、Ⅱ、Ⅲ巻と続いて合計一〇〇〇頁を越える本もある。ああ、これが松永さんの仕事なんだな、と面識はないが、いつも思っていたからだ。

〈この雑誌の顧問的な役割、相談にのってもらっていた村上一郎、由良君美、種村季弘、松田修、山口昌男氏らが、どこか、せっかくの雑誌を継続して出すところはないかという話になって、その中で一番熱心に動いてくれたのが谷川健一さんだった。

結局、読書新聞を辞めて、現代ジャーナリズム出版会という出版社を創っていた巖さんが引き受ける形になったんだと思う。私は三、四か月の休職期間の末に、再刊準備にとりかかることになったんです。その会社の機構とか人間の構成なんかは、ほとんど覚えていません。というよりはまだ二十歳台だったし関心がなかったんですね。

創刊時のメンバーは営業に読書新聞からきた大野雅夫さん。経理には哲学者の津田道夫さんの夫人の吉良和子さん、巖さんの奥さんの嶋さんも手伝いに来ていました。市ヶ谷の、今は食べ物屋になっていると思うけど、その二階に現代ジャーナリズム出版会と伝統と現代社の二つの会社が、ほぼ同じメンバーで存在していた、ということですね。〉

では路頭に迷った雑誌「伝統と現代」を引き受け刊行することになった伝統と現代社とはどんな会社だったのか。また同じメンバーで同じ部屋で活動していた現代ジャーナリズム出版会とはどんな会社だったのか。

しかし、ちょっと複雑だが、その前に日本エディタースクールについて触れなければならない。現在、日本エディタースクールは水道橋駅近く、千代田区三崎町に立派なビルを構えているが、私が知ったころは市ヶ谷にあった。六八年、私が読書新聞の入社試験を受けたのも、その場所であった。入社してからしばらくの間、私は読書新聞がエディタースクールを経営しているか、あるいはその逆かと思い込んでいた。そんな親密な関係の雰囲気が上司たちの間には漂っていたからだ。

両雄相並び立たずということか、巖は読書新聞の編集長を後輩に譲るべく、後任に定村忠士を指名した。定村と谷川は旧制五高と東京大学で同期である。しかし、先に定村が入社している。巖は迷った末に定村を編集長としたのであった。のちに谷川は退社した。その谷川はジャーナリストの鈴木均と現代ジャーナリズム研究所を設立し、本格的な編集者の養成所を構想した。それに香内三郎や清水英夫らが賛同した。香内は、谷川、定村と旧制五高、東京大学で同期、のちに東大新聞研の教授となり、清水は、このときは日本評論社の出版部長だったが、のちに青山学院大学教授、ともにジャーナリズム、言論界への論客となり活躍している。

谷川らの構想は、日本エディタースクールという名称でスタートした。当初、氏らはそれほど大規模なものとは考えていなかったようだ。せいぜい数十人が集まればいい、その生徒は地味でしっかりした技術を身につければいい、と考えていた。ところが蓋を開けてみて驚いた。予測を越えた人数が集った。これは、大宅壮一、池島信平、日高六郎らの充実した講義にも因ったのかもしれないが、編集者という職業が若者たちの就職希望の上位にランクされるようになったにもかかわらず、本格的な編集技術や知識を教えるところがなかったせいではなかったか。ともかく大成功だった。

授業は、当初年間を通してというのではなく、その都度、一週間とか十日間、場所も固定した処がなく、製本場とか大学の教室を借りて行っていた。そして六六年にはじめて自前の教室を市ヶ谷田町の柳沢ビル二階に借りることにした。また学校運営を本格化するために、法人格として現代ジャーナリズム研究会を発足させた。しばらくしてから現代ジャーナリズム出版会も立ち上げた。エディタースクールの教室で使う、教科書や参考書を既刊本から捜すことがむずかしく、自前で作る、また一般読者の需要もあると考えたからだ。だが、ここでも予期せぬことが起きた。谷川、清水、小林らが呼びかけた出資に思いもよらぬほどの金が集ったのだ。

さて、ここで再び巖の方に戻る。定村を編集長にして、事務局長となった。読書新聞の発行母体は社団法人・日本出版協会だから、一般の会社でいえば、代表取締役社長ともいうべき位置である。上には誰もいない。傍目から見れば昇格のように見えるのだろうが、巖の内面では、週刊読書人との分裂後の継続発行、六〇年安保闘争前後の、この時代を代表する思想家・文化人との伴走、読者の熱い思いと、ともかく激動の五年間を疾走してきたという満足感の一方で、安堵感もしのび寄ってきていた。

そんな気持が、四ヶ月もの間の大西洋・アフリカ旅行、会社を留守にするという形になり、若い社員の間の不満をよんだ。更に留守中に起ったコラムの筆禍と右翼の抗議、同伴者の左翼文化人からの批判が拍車をかけた。

右翼の方は巖の対応で処理出来たが、左翼からの批判は、編集部に直接間接、くすぶりを生んだ。渡辺京二、水澤周は退職、定村も辞意を示した。巖は自分の行動と対応には確信を持っていたし、彼の後を振り向かない性格はささいなことに頓着しないが、戦後就職先もままならない時代に、赤門に貼ってあった求人広告によって入社、以来十六年も一つ場所に居続けているという思いがしてきた。十六年間、海に出ることもなく、浜に繋がれ続けている船、待ち続ける船員のような気持になっていた。特にアフリカ行き以来、漂流する海の男の血が騒ぎはじめていた。

栗原幸夫を招き、後事を託すことで辞めてしまった。栗原は、のちに文芸評論家として『転形期の政治と文学』、『プロレタリア文学とその時代』などを著し活躍するのだが、青木書店の編集者時代から親しく交わっていた。本多秋五の『物語戦後文学史』をプロデュースするなど、その力量は充分、後事を託せると思ったのである。

巖は人生など計算ずくで生きない。辞めてどうする、どこに勤めるなどと考えていたわけではない。ともかく、身体の中で沸騰しはじめた血の気にまかせて長い間、港に繋留され続けるのを嫌って出航してしまっただけである。

そんな巖を、かつての部下だった谷川や小林らが、創設する現代ジャーナリスム出版会の社長に招いた。社長・巖浩、副社長・清水英夫、編集・丸山尚の布陣である。といっても、清水は名目上だけで顧問格であり、この時点で巖、丸山、それに営業で入ってきた大野雅夫、巖夫人の嶋瑠璃子の四人ということになる。エディタースクールの教科書、実務関係書、プラス参考書としてもある程度の購買を見こめるジャーナリズム関連の本を地道に刊行してゆけば、このくらいの人数は食べてゆける、と谷川や小林は考えたのかもしれない。

しかし、谷川の兄・健一が持ち込んできた雑誌「伝統と現代」が、再び、巖の中に火をつけた。

民俗学や歴史、国文学のジャンルは巖さんにぴったりだったんですよ、と丸山氏も、まもなくに入社して倒産時点までずっと在社していた村野薫氏も、口をそろえて言う。

企画路線の相違から丸山は退社する。辞めたあと、丸山は徹底的にミニコミにこだわり、ミニコミセンターを設立、また市民の小さな声を集めた資料館というべき、住民図書館を主催、先年閉館したが、その厖大な資料は現在、埼玉大学共生社会研究センターに引き継がれている。

ともかく充分とは言えないが、準備期間を経た松永を編集人、巖を発行人として一九七〇（昭和四十五）年の十二月、伝統と現代丸は船出した。

編集後記で、松永は〈「伝統と現代」（學燈社刊）休刊以来ちょうど一年目にして、装いを新たに「月刊伝統と現代」第一号をここにお送りします。この一年間、皆様のあたたかい御支援に励まされて再刊への道を模索してまいりましたが、お蔭様でいまようやく再出発のスタートラインに立つことができ、ほんとうに嬉しく思います。……一つの雑誌を発刊し、その志を持続しつづけることがいかに難事であるかということをこの一年間の体験によってはじめて知ることができました。再出発にあたって、この貴重な体験を決して忘れまいと思います。〉と記している。

事実、金喰い虫と業界では呼ばれるほど雑誌刊行はお金がかかる。資金に余裕がある大手出版社が、それも電通や博報堂といった代理店が動いて大きな会社の広告が入るような形でしか刊行にはこぎつけられない。

あとは、この時代「現代の眼」とか「流動」、「月刊ペン」など総会屋系といわれる人たちが活発で、企業からの献金を目的に発刊されていた。付記しておけば、当時多くの左翼文化人・知識人といわれる人たちの思想の発表の場が、こういう総会屋系雑誌であったという奇妙な現象は覚えておいてもよいのではないか。

もちろん、巖はどちらにも属さない。こんな無謀な試み、ともかく金喰い虫は、どこかに存在する色とりどりの花園の蜜を目ざして空高く飛びたったのである。一九六〇年代後半から七〇年代半ばとは、そんな時代だったのである。革命を夢みた若者たちが、ランボーの詩集を右手に、『あしたのジョー』を左手に持って日本から飛びたった。そそり立つ迦葉・妙義の山々にたてこもって首都を制圧しようとした。大学は革命という夢の拠点だったし、市ヶ谷の自衛隊駐屯地にとび込んで自死した三島由紀夫の事件さえロマン的空気の中で語られていった。

創刊号（十二月号）はよど号ハイジャック事件を予告させるかのような亡命、二号（一月号）は特集・世直し、二月号は特集・風景論、三月号は特集・狂気……と、なにやら世情を映しているよう。売れゆきも好調。しかし、松永の心は喜びの反面、どこか醒めていた。不安が顔を覗かせる。創刊号後記で書いたように、持続することは、個人の志などをはるかに超えた難事であることを、この一年で痛いほど知ったからである。谷川健一氏らに声をかけてもらう一方、自らも再刊の引き受け手を探して歩き廻った。どの出版社も一様に興味を示してくれる。どこの出版社でも自前の雑誌は喉から手が出るほど欲しい、しかし、とっても余裕がなくて無理だと判を押すように断られた経験が脳裏をよぎる。

創刊の祭りが終って部数が落ち着いてきた。

月刊で雑誌をほぼ一人で出し続けてゆくということは結構大変で、肉体的にも精神的にもゆき詰ってしまって、ちょうど一年たって十二月と一月号の合併号を出したところで辞めました。今から考えると、現代ジャーナリズム出版会の方も、地味で沢山売れるというような本ではないし、準備期間の社員への給料もあったし、巖さんはお金の面で、出発点から大変だったのかもしれない、と松永さんは述懐する。

また、しばらくして経理として入社してきた浅見和子さんも同じように言う。以前、久喜市のお宅に伺ったとき、ご主人の津田道夫（本名＝浅見浩）さんが、私は巖さんにはずいぶんお世話になった。無名だった私の論文をいきなり読書新聞のフロントページに載せてデビューさせてくれたり、以後も唯物論研究会の若い仲間と一緒に飲ませてくれ元気づけてくれた。この家にも遊びに来て泊っていってくれた。話が巖さんとの付き合いのことに及ぶと、いいことずくめだ。

それに引き換え、奥さんの方は少しばかり口が重くなる。勤めていた盛田書店が倒産してしまった。そうしたら巖さんが、うちの会社に来ないかって声をかけてくれて、うれしかった。しかし、もうその頃でも、著者への原稿料の支払いはだいぶ溜っていて、以前書いてもらった分を払って新しく書いてもらうというような状態になっていた、という。

津田道夫氏は以後、『ヘーゲルとマルクス』、『革命ロシヤの崩壊』、『南京大虐殺と日本人の精神構造』などを著し評論家として活躍する一方、障害者の教育・人権確保の市民運動の先頭に立っている。

　奥さんの浅見和子さんを、以前、吉良和子さんと書いてしまったが、これはペンネームである。『おしゃべりな花日記』に書かれているとおり、野山や海辺の花たちに会いにいく、奈良の山道を歩くのが好きで一年に一度は必ず奈良に行っていた。帰りに巖さんを呼び出し食事をしてくるの。手紙もしょっちゅう来るわ。巖さんは筆まめで器用だから、割り箸の先を使って近況を書いてきたりして……、とむしろ勤めていたときよりも、辞めてから今日までのことを語るときの方が軽やかだ。

　昼間、渋面を見せている会社より、巖の活動の場はつい、夜の飲み屋の方が多くなる。なかでも一番多かったのはゴールデン街にあるナベサン。新宿歌舞伎町の片隅で戦後のバラック風の建物、雰囲気を残している。人一人がやっと通れる急な階段を上った二階にある。田辺茂一、埴谷雄高、長谷川四郎、久保覚らが集る。編集者も必然的にやってくる。十人も入ればいっぱいになる文壇バーといったところか。私も井上光晴さんに連れられて何度かいった。主人の渡辺英綱さんは二〇〇三年に亡くなった。そのときの葬儀は親友の歌人・福島泰樹がとりしきった。今は若き未亡人・菜穂子さんが継いでいる。

　ナベさんは文学青年で、遺稿小説『鶴ちくしょう』を出した。その前に『新宿ゴールデン街』を刊行している。その原型になったものは、いずれも巖が「伝統と現代」に寄稿を求めたものだし、若き日の粉川哲夫、菅孝行、松本健一、芹沢俊介、中沢新一、ねじめ正一、鴻英良、清水昶らも、この場で原稿依頼をされている。

巖とは直接関係ないが、寺山修司が、こんな文章を残している。

最初に私に、野球哲学を話してくれたのは、たしかナベさんだったのではないかと思われる。

ナベさんは材木置場の材木に腰かけて、空うかぶ鰯雲を見上げながら、私にこんなふうに話しかけてくれた。

「二人のさびしい男がいた。

これが、ピッチャーとキャッチャーだ。二人は唖でものが言えなかったので仕方なしにボールで相手の気持をたしかめあったのだ。二人の気持がしっくりいったときには、ボールは真直ぐにとどいた。しかし、二人の気持がちぐはぐなときにはボールはわきに逸れた。そして二人はいつでも、このボールの会話をかわすことをたのしみにしていたのだ。

ところが、この二人組に嫉妬する男があらわれた。彼は、何とかして二人の関係をこわしてやりたいと思った。

そこでバットという名の棍棒を持って二人のそばに寄って来て、いきなりボールを二人の外へはじきとばしてしまったのだ。バッターの役割というのは、まあ、そんなところだね」

（「時代の射手」――ちくま日本文学全集 寺山修司より）

本当は、この部分、花田清輝が書いた巖についてのエッセイを載せるつもりだったが見当らない。そこで余りにも面白く、いい話だったのでつい写してしまった。でも当時、巖らが職場の延長としていた、こんな物語がいっぱい落ちていた七〇年代場末の酒場の空気が伝わってくる。

巖さんの臼杵中学時代の先生のことを知ったのもナベサンである。但し、今年のことで、英綱氏からではなく、菜穂子さんからだ。

近年上京した折には、巖さんはナベサンによく立ち寄る。そんなときに私も同行する。

巖さんの先生、久多羅木先生っていうんでしょう。

菜穂子さんが、カウンターの中から手も休めずに何気なく言った。

え、何で知ってんの、と巖。

だって、この間出版された西郷信綱の『日本の古代語を探る』の中に出てくるもの。

私は早速読んでみる。

実は中学校時代、日本史の担任に久多羅木《くたらき》という名の先生がおられた。この先生はすぐれた郷土史家でもあり、私も大学を出てから一度お宅を訪れ、郷土史のことをいろいろうかがったさい、御自分の姓クタラキは先祖が百済からやって来たのによる名だと洩らされたことがある。こここにいう郷土史はおもに豊後の国のことだけれど、その時先生は豊後だけでなく九州の郷土史では朝鮮半島との関係がすこぶる大事だということを教えて下さったのである。だから、吉田東伍の『大日本地名辞書』で肥後国の葦北郡に久多良木という地名があるのを後になって知ったときも、どきっとした。そういえば隣の日向国には、一つの部落こぞって百済から渡来してきた村があるという話なども、子どものころ聞かされたこともあるような気がする。

そんなわけで、とにかくキトラ古墳のことが賑やかに新聞紙上に取りあげられるのを目にしたとたん、キトラはクタラの転ではなかろうかとの思いがひらめいたのである。というのも、この久多羅木先生のことを、同時に想い起したせいだった。

西郷信綱と巖は大分県津久見の同じ町内の歩いて十五分とかからない。一方は神社の子息、他方は寺の息子である。九歳年長の西郷は臼杵中学の秀才の先輩であり周囲の畏怖の対象でもあった。七二年の「伝統と現代」新年号に山口昌男との対談に出てもらったとき、終ったあとでゆっくりと話をしたかった。しかし、そのときも最初に挨拶をして途中で林君に任せて出かけなければいけなかったのを今でも残念に思っている。のっぴきならない用事があってね、と苦笑する。その用事が、伝統と現代社の台所事情に関係することであったのは容易に推測出来る。

それを裏付けるように、編集後記の文面には社や巖自身のため息めいたものがこの頃から時折顔をもたげてくる。

〈・気がついてみたら創刊いらい三年が経っていた。初年度は月刊で通し、13号以下を隔月刊に変更したので、この号は通巻25号となりこれで四年目に入ったわけだが……石ノ上ニモ三年、とかや。だが本誌が行末〝もの〟になるかどうか。恐らく未熟のまま歩くほかはない。〉

（七四年一月号）

と、負担を軽くするために月刊を隔月に切り換えている。

〈・昨年一月に出した第20号では、定価四五〇円に占める用紙代の比率は７％だったのが、今年一月の第26号では、同じ定価としてみると15％強になる。他の組版・印刷などの要素や32％の流通経費を加えると、一年前で差引き当方に28％くらいはどうやら残っていたのが、僅かに18％となる。二割五、六分の返品で忽ち破産だ。無論、〝現代の下層社会〟の構成員たる資格充分のわれらを支える人件費さえ出ない。本誌を続刊して行くことは、よほどの〝親方〟か〝日の丸〟でもつかぬかぎり、不可能であった。そこにもってきて、組版・印刷の25％値上げという追打ちが来た。〉

（七四年五月号）

これは、あのオイルショックの直撃をまともに浴びた直後の様相だ。浴びたのはもちろん出版界だけではないのは当り前だが、紙を主な材料にして成り立っている出版社、とりわけ零細出版社は耐えられなくなってこの年何社も倒れていった。

私事だが、このときの狂乱を私ははっきりと記憶している。読書新聞を辞めた三十一歳の私は、誰に教わるでもなく見よう見真似で、小さな出版社を立ち上げていた。たった数ヶ月前、低い金利で借りてくれと勧誘に来ていた銀行が窓口に行っても相手にしてくれない。掌を返したようにそっぽを向く。ようやく人の紹介で辿り着いた信用金庫でも15％、16％の金利は当り前、創業に当って、それなりに立てていた計画、資金繰りの予定はズタズタに引き裂かれ、なんでこんな時期に、こんな会社をはじめてしまったんだろう、と泣くに泣けない数年だったことを覚えている。

巖は、雑誌のマイナスを単行本の刊行点数を増やすことで乗り切ろうとしたようだ。戸井田道三『幕なしの思考』、神島二郎『常民の政治学』、後藤総一郎『柳田国男論序説』、丸山照雄『反情況の砦から』、松本健一『革命的ロマン主義の位相』、橋川文三『時代と予見』、保阪正康の最初の著書『東条英機と天皇の時代（上・下）』などである。いずれも七〇年代の学生や若者の心を捉えた本だ。『岩崎卓爾・一巻全集』も完成させている。これは明治三十二年に石垣島測候所長となって以来、昭和十二年に死去するまでの四十年間、南島でもはずれの八重山を離れず、歩きまわって採集し続けた貴重な記録を集めたもので、現在でも沖縄を知る上では欠かせない古典である。卓爾を主人公にした大城立裕の小説『風の御主前《うしゅまい》』が出版されたり、ＮＨＫで同名の連続ドラマが放映されたりして話題となったが、金喰い虫の雑誌を抱えた会社を浮上させるには至らなかった。

これらの単行本部門を支えたのは、村野だったが、松永が一年で退社したあとの雑誌「伝統と現代」を実質支えたのは林利幸だった。

その林さんに、冬のある日曜日、西武池袋線秋津駅近くの喫茶店で会ってもらった。林さんと私の降りる駅は一つ違うだけ。でもなかなか会うことはない。たまに出会っても、どちらかが急いでいて立ち話をする程度だ。氏は松永氏が辞めたあとの「伝統と現代」誌をほぼ一人で荷ってきた。

林　私が担当しだした号、つまり第14号からは月刊から隔月刊になったんです。七年間、まあ企画で十日くらい、制作で二十日くらい、校正もほとんど一人だったからそのくらいはどうしてもかかった。あとの月の空いている時は出版の方の手伝いをしていました。出版は同じ部屋で、ほぼ同じメンバーでやっている現代ジャーナリズム出版会が、月に一冊ほどのペースで刊行していたから。
――林さんは最後まで伝統と現代社にいたんじゃなかったんですか。
林　ええ、いました。けど、かなり火の車になってきて給料も少なくなってきたので、私は知人の出版社に出稼ぎに行くようになっていた。週に二、三日は「伝統と現代」の方へ、あとの日は、他の出版社の方に行くようになっていました。だから雑誌が廃刊になるまでの終りの五年間くらいは、巖さんが自ら企画して、制作を私が手伝ったり、村野さんたちが手伝うという形だった。

――しかし、私はきちっと毎号読んでいた読者ではなかったけど、林さんの編集長の時と巖さんの時と、あまり落差や変化は感じなかったんですが。

林　そうかもしれません。私がやっていた七年間、企画書を出して巖さんが反対することは、ほとんどなかった。部分の手直し程度、巖さんの太っ腹ということはあったのでしょうけど、根本のところで余り考え方の違いというのはなかったんだと思う。

――林さんは伝統と現代社には、内村剛介さんの紹介で入られたと聞きましたが。

林　そうです。大学を卒業して、主婦の友社に入ったんですが、気風が合わなくて一年余りたったとき、国文社が編集者を募集していたので。当時、国文社は、谷川雁さんや黒田喜夫さんの本を出していて、私はそういう人が好きだったから作文を書いて応募しました。面接は顧問をしていた松永伍一、村岡空、小林一博さんの三人でした。前島社長は、藁火書房という古本屋さんをやっていて、そこを畳んで出版社をはじめた。エディタースクールも出資していたから、本が出来る度に、それを持ってエディタースクールに行っていた。だから読書新聞を舞台に書いていた著者の人たちはひどく身近に感じていました。

内村剛介さんは、そんな一人で、『呪縛の構造』などを連載していて親しくなった。国文社を辞めて少しぶらぶらしようなどと考えていたら、内村さんが「伝統と現代」に行かないかって誘ってくれた。もっとも前任者の松永さんとは顔見知りだったんです。学燈社で休刊にした雑誌を、担当者だった松永さんは愛着を持っていたんでしょうか。あっちこっちの出版社に廻っていて、国文社にも来て、話し合ったこともあったんです。

――入社した頃の空気はどうでしたか。

林　私は若かったし、確かにお金の面では楽ではないなということは分っていました。けど編集者として、好きなことをやらせてもらっているという満足感のようなものがありました。前回未払いの分を払って、今度の分を書くというのは日常茶飯でしたが、あまり気になりませんでした。それこそ若かったし寝食を忘れて、というと少しオーバーかもしれませんが、無我夢中でやっていました。

――松永さんもそうですが、林さんも酒を飲まない。酒豪の巖さんの下には、そういう人が集まるんでしょうかね。

林　さあ、でも私は余り気になりませんでした。ですから、いつもではないですが、かなり酒の場所には同席してきましたよ。

――最後の五年間、もう一切辞めちゃおう、他の会社に勤めようという気にはならなかったんですか。

林　確かに誘ってくれる会社はありましたが、そういう気にはなれませんでした。巖さんは、あの何でもズバズバ言ってしまう性格ですし、それを嫌う人もいます。しかし、私は馬が合うというのか、嫌いではありません。彼には純真というか無垢なところがあって、策を弄したり、悪意があったりするところが一つもないんです。ですから七年たった頃、そうとうお金の面で苦しくなってきて、私は生活があって出稼ぎに行かなければならなかったけど、全然放ったらかしにするということは出来なかった。

それに思想的にも迷路に入ってしまったところがあって、でも、はい、そうですか、では、次の会社へ行って、その会社の方針に従って編集をやります、という気にはなれなかった。

林さんは確かに器用な生き方を出来る人ではない。氏が国文社に勤めていたとき、読書新聞に入社した私は、「風塵」という文学欄のコラムを書いてもらっていて、月に一度原稿をもらいに伺っていた。他に評論家の中島誠、英文学者の利沢行夫、フランス文学者の上総英郎さんらに匿名で書いてもらっていた。林さんは幅広く目配りをするというのではなく、特定の作家や評論家を対象に、何度も何度も深く掘り下げてゆくというタイプだった。私が手渡された原稿にざっと目を通している間、じっと祈るように、訴えるように見つめている澄んだ眼は忘れられない。日本海で育った暗うつさを含んだ一途な気質が、そこにあると思った。

一度だけ、二歳年下だということも弁えず生意気で、しかも軽薄な冗談を言ってしまったことがある。私は実は、マゾなんです、と。まともに受けとった林さんはあっけにとられ私を見つめたまま、いつまでも無言だった。林さんの出身地が佐渡だということから思いついた悪いギャグだったのだ。

――思想的に、というと。

林　ずっとやってきたことが通路を開いてくれた、どこか方向を示してくれたという感じがなくて、渦を巻いて内側へ、内側へと入り込んで円環を閉じてしまった、という感じです。日本の、戦後だけに限ってもいいが、思想が出口を見つけられず、閉じてしまった、という感じになってきていた。

もっと具体的にその辺のことを聞こうとしたが夕暮れになって喫茶店が込んできた。買い物帰りらしい客の話し声で、林さんの静かに語る口調は掻き消されてしまう。

八三年夏号（通巻76号）から隔月刊と、三カ月ごとの年四回、つまり季刊に切り換えている。

〈・75号を出してからまたまた長い空白になってしまった。どうしたんだ、次はいつ出るんだ、つぶれたのか、廃刊したんですね、等々の電話がしきりにかかった。いや、もうすぐ出ます。かくかくの特集で準備中です、いいえ、やめませんよ、来月中には、などと応答してきたが、さんざんあせってしまった。七〇年の秋に創刊していらい十二年以上やってきたも

のを、いまさら放り出すつもりはなかったが、実際はあれこれ思いなやんできた。〉

と、この号の編集後記は、ため息というよりも悲鳴に近くなっている。前号75号（特集「宗教の時代」）の刊行が、前年七月一日だからちょうど一年ぶりの刊行となった。

この時期、そんな巖の話相手になり苦悩を聞き励ましていたのは雑誌「技術と人間」を主宰する高橋昇氏と新泉社の社長の小汀良久氏だ。高橋さんは、東京大学工学部で金属学を専攻、助手をしていたが、周りの教授や研究者たちが、国の政策に諂うばかりの態度に嫌気がさし、工学系の老舗出版社・アグネに勤めた。そのアグネで七二年創刊された「技術と人間」をもって独立し月刊誌として、近年まで発行し続けてきた。専門誌とはいえ、反体制の思想を貫く雑誌の経営事情は楽ではない。大学の先生など決った収入のある人は、原稿料なしで書いてもらっていた、という。

NRの会で会うことがほとんどだったが、あの頃の巖さんは、口数も少なく元気のない日が続いて、それで酒でも飲みに誘ったのがはじめだったかな、と高橋さんは昔を思い出して語る。学部こそ違え、同じ大学の出身者。しかも一九二五年生まれの巖と二六年生まれの高橋、一歳違いである。同窓相憐れむ、ということか、それから二人で飲む機会が頻繁になったという。

NR出版会というのはノンセクト・ラジカルの頭文字を取ったもの。一九六九年、小規模出版社九社が集まって結成された。六八年からはじまった全世界的な学生反乱と六〇年代文化が開花するなかで誕生した、反体制・反権力の色彩が強い出版団体である、とホームページに記してある。宇井純『公害原論』(亜紀書房)、荒畑寒村『谷中村滅亡記』(新泉社)、永山則夫『無知の涙』(合同出版)、安藤登志子『北富士の女たち』(社会評論社)、山口武秀『権力と戦う住民』(柘植書房)など、私の世代の学生たちが、いつもカバンの中に入れていた本は、こういう二人、三人の出版社から生まれたんだ、と改めて思う。

その中心にいたのが小汀良久氏。優れた内容でも部数が見込めないため大手・中堅のしり込みする本を刊行する姿勢を、出版の精神だと自著『出版戦争』で記している。七八年、取次との取引条件など、とくに再販制度廃止の動きに対し、ぺりかん社の救仁郷建氏とともに小出版社を結集し、出版流通対策協議会を発足させた。初代会長は救仁郷氏、二代目会長が小汀氏。通称・流対協は今日も一〇〇社におよぶ加盟社となって、現代書館の菊地泰博氏、緑風出版の高須次郎氏と会長が渡りながら、その精神は引き継がれている。

小汀さんは九九年暮に亡くなってしまった。六十七歳。壮絶な死だった。

死の前日の夜遅くまで一人会社に残り、あの本を出したい、こんな本も出してみたい。そして膨れあがった借金の処理に苦慮していた、という。何にもたじろがず最後まで出版に執念を燃やした人だった。この連載をはじめてから、巖さんのあとは小汀さんのことを書くべきだ、と何人もの人に言われた。だが、私の適役ではない。文字通りたった一人の出版社で孤軍奮闘しているマルジュ社の桜井俊紀さんが最適任だ。同じ島根県出身で幼少の頃から知り合う従兄弟同士、というだけではなく、その無頼ぶりとロマンチストということでは相似ているからである。

だから、一つ二つのエピソードを書くことで許してもらう。もう七、八年ほど前になると思う。ある日曜日、風媒社の稲垣さんから電話がかかってきた。小汀のことだけど、と切り出してきた。稲垣さんと小汀さんは愛知県刈谷市で知己の中である。父親の勤務の都合で小汀さんは刈谷に移住してきたのだ。

あいつ、どのくらいの借金があるのかな。

ちょっと戸惑ったが、三つくらいではないですか、と答えた。

すぐに上京した稲垣さんと小汀さんが会談、その足で図書新聞にやってきた。二人ともひどく不機嫌である。お前がいい加減な答え方をしたからだと叱られる。桁が一つ違っていた。二人の共通の友人の中に一人医者がいて、心配症の稲垣さんは掛け合って三千万円を工面してきたのだ。これで小汀氏の会社は大丈夫と勇んで上京したのだが、溜った借金は、同じ三つでもその十倍になっていたのだ。

もう一つ。小汀さんが入院する前夜、当分酒は飲めなくなるからというので、急ぎ本郷に点在する出版社の十人余が集まった。社会評論社の松田氏、批評社の佐藤氏、三元社の石田氏、緑風出版の高須氏らの面々だった。もちろん桜井さんもそこにいた。この時点で本人も癌であることは知らない。半月ばかりの検査入院だと言っていた。やがて病名がわかり、事態は相当深刻だと言われた。本人を刺激しないように少人数で、しかも時間を置きながら見舞にいこうということになった。私は誰かから誘われて、行く順番を待っていた。

そんな日のある朝の通勤の地下鉄に飛び乗って、一つ空いている席に座った。顔を上げて視線を正面に移した途端に驚いた。まだ二日酔の頭が幻影を起させたかと思った。病気は日に日に悪化していると聞いていた。病院で寝ている筈の小汀さんが笑って、私を見ている。

おい、驚いたろ、出て来ちゃったよ、あんなとこ、絶対に治るってんなら別だよ、わけの分かんねえ薬を飲まされて、先月は百万円、今月は七十万円もとられるんだ。これから先だって同じくらいになる。そんなもん払っちゃいられねえよ。だから勝手に退院してきちゃったよ。

出版社の人間は出勤がやや遅い。だからびっしり満員というわけではないが、それでも沢山の客が乗っている。そんな車中で、いつものような大きな声で話してくる、というよりは叫んでいる。何か理不尽さに対して戦いを挑んでいるといった調子だった。それから十日ほどで亡くなった。

巖の伝統と現代社が倒産した日、本郷の新泉社に呼んで、そのことを村野ら社員に告げたのは、その小汀さんと高橋さんの二人だった、という。

今のようにコンビニや弁当屋があちこちにあって手軽に買え、どこでも食べている姿が見られるという時代ではなかった。六十歳を前にした男が、ようやく探し求めてきた冷え切った弁当をビルとビルの間に出来た公園の片隅のベンチに腰かけて食べながら、さすがの巖も、その虚しさをどうすることも出来なかった。雑誌創刊時に集まって励ましてくれた谷川健一、竹内好、橋川文三、神島二郎、吉田公彦、清水英夫、小林一博氏らの顔が浮かんだ。が、相談しても実情の解決にならないことくらいは十分に分っている。彼らはみな一家をなし、人生の終着点を意識する年齢になっていた。一人、新宿の雑踏を歩き、行きつけの飲み屋ではなく、全くはじめての飲み屋に飛び込んで、その片隅で巖は決断した。

阿藤進也さんにお願いして目黒線武蔵小山駅へ連れていってもらったことがある。阿藤さんは読書新聞に入社してから二年間、編集長の巖さんの家の同じ敷地の隣家の一部屋を間借りして住んだ。つまり巖さんの奥さんの瑠璃子さんの実家である。元農家だった嶋家は昔ながらの平屋で大きく、敷地も広々していた。その敷地を借りて建て物だけ自前で巖は家を建てていた。休日は巖夫妻と共に商店街へよく出かけたし、銭湯にも連れだっていきましたよ、と阿藤さんは昔を偲ぶ。

武蔵小山駅から歩いて二十分。四十年ぶりの記憶はほとんど役に立たなかった。氏が前日に調べていてくれた所番地を頼りにようやく辿り着いたが、町並みは一変していた。

巖宅は、破産のときに金融業者が抵当として占拠して住みはじめた。しかし、そこで住みはじめたのはいいが、当時でもかなりの住宅街、出入りしていた入れ墨にサングラスのお兄さんたちも相当居心地が良くなかったに違いない。義弟の提示した金額を二つ返事で呑み込んで退散した、という。

ここに確か井戸があってね、おいしい水だった。今や木造平屋建てではなく、三階建ての立派な家に変身している。

その日、嶋家の藤棚は満開、躑躅や椿などの庭木は手入れがゆき届いていた。過去に、そんなことがあったなんて、もうすっかり忘れたような表情だった。

以上、一九七〇年から八四年までの雑誌「伝統と現代」主宰者としての巖を簡単に素描してきた。金喰い虫と言われる雑誌刊行は、どの出版社でも夢である。しかし、資金に余裕のある大手出版社以外は不可能に近い。案の定、出航直後から資金にゆき詰り、巖の十八年（現代ジャーナリズム出版会設立から）はため息と悲鳴の歴史だった。しかし、その足跡をもう一度振り返ってみると、三十年、四十年たった今日のジャーナリズムや出版界で俎上にのぼっている問題のほとんどは、この時代、この雑誌によって提起されていたことに今更ながら驚く。資金繰りの合間に呻くように絞り出された声・思想こそ、この国の未来の形を予感していたともいえる。

この雑誌の根底を貫いていたテーゼは、真のインターナショナルとは、本当の意味でのナショナルなものを潜り抜けてこそ拓けるのだ、ということにあった、と私は理解しているが、そのナショナルなものは、どこかで流れの道筋を喪って屈折しグロテスクなナショナリズムという泥沼を作って行き場をなくしている。いま源流に戻って、海へと流れ出る途をもう一度探ってみる必要があるのではないか。その意味も含めて彼と、彼らの仕事の主な目録を写してみた。

●第1号／70年12月号　**神話**　その現代的意味　対談・出雲神話の謎＝上田正昭・梅原猛／教科書神話復活の思想＝家永三郎／神話復活と天皇制＝乙部武志／日本神話とギリシャ神話＝吉田敦彦／日本神話と朝鮮＝松前健／日本神話と沖縄＝吉野裕子／神話学の歩み＝大林太良／宇宙型と神人型＝埴谷雄高／ほか

●第2号／71年1月号　**亡命**　国家をこえる思想　鼎談・日本の亡命思想＝神島二郎・広末保・益田勝実／隠逸の世界＝竹内実／亡命とユダヤ人＝山下肇／さまざまな亡命者＝金子光晴／亡命・隠遁無用論＝村上一郎／朝鮮亡命者の明暗＝金一勉／海外亡命者を迎えた人々＝葦津珍彦／ほか

●第3号／71年2月号　**世直し**　民衆の内なる変革意識　世直しの虚構と現実＝松永伍一／変革の理法としての仏教＝梅原正紀／民間信仰と世直し＝宮田登／民衆思想と百姓一揆＝布川清治／一向一揆の人物像＝山折哲雄／やくざと世直し＝松田修／日本世直し年表＝しまねきよし／ほか

●第4号／71年3月号　**風景論**　その今日的展開　民俗空間としての風景＝益田勝実／終末の風景＝笠原伸夫／ヨーロッパにおける石と光の思想＝饗庭孝男／風景画とナショナリズム＝由良君美／呪物風景画ノート＝中村宏／鼎談・都市と風景＝磯崎新・中平卓馬・針生一郎／ほか

●第5号／71年4月号　**狂気**　ものぐるいの構造　共同体験としてのエクスタシー＝種村季弘／時代と狂気＝宮本忠雄／逃走と追跡の狂気＝長谷川龍生／狂女論＝森秀人／風狂の論理＝秦恒平／狂気を利用するもの＝杉浦明平／狂と佯狂＝竹内実／ジャズと狂気＝平岡正明／ほか

●第6号／71年5月号　**儀式**　その形式を超えるもの　儀式と日本人＝福田定良／儀式とファシズム＝片岡啓治／儀式と道具＝栄久庵憲司／動物の儀式＝小原秀雄／仁義考＝井出英雅　■新編・儀式百科――農耕・船乗

り・建築・職人・火消し・やくざ・ヒッピー・香具師・禅・修験・賭博ほか
●第７号／71年６月号　**変身**　そのこころとかたち　現代変身術入門＝安永寿延／性の変身願望＝日向あき子／スタアの思想＝佐藤忠男／終末観と変身伝説＝笠原伸夫／英雄伝説における大衆の変身願望＝尾崎秀樹／化粧と異装の文化史＝久下司／変身・負性の実現＝黒田喜夫／絵金の世界＝片岡文雄／ほか
●第８号／71年７月号　**性**　その民俗と思想　性と現代思想＝小此木啓吾／性とナショナリズム＝沢村光博／タントリズムと現代＝羽永光利／古代日本人と性＝吉野裕子／性の信仰＝宮田登／性教育の民俗＝野口武徳／遊女寺考＝北小路健／宮沢賢治のエロス＝山折哲雄／ほか
●第９号／71年８月号　**日本人論**　その原像を探る　人類学者の日本探検史＝祖父江孝男／照葉樹林文化の位相＝中尾佐助／言語比較研究の方向＝大野晋／わが撃攘＝村上一郎／明治知識人の留学体験＝小堀桂一郎／日本観の形成過程＝吉田光邦／外国人の日本体験・文献案内＝金井圓
●第10号／71年９月号　**秘密結社**　その思想と行動　秘匿の魅力＝桜井徳太郎／未開と文明の秘密結社＝綾部恒雄／密儀集団における死と再生＝堀一郎／反抗の形態としての秘密結社＝青木保／密室の思想＝松永伍一／バヴァリア幻想教団の秘密＝種村季弘／かくし念仏＝内藤正敏／ほか
●第11号／71年10月号　**旅**　その内面と外面　対談・未開への旅＝青木保・西江雅之／対談・旅と隠遁＝広末保・内村剛介／縄文の旅＝藤森栄一／シルクロード・駱駝隊商の旅＝久下司／松浦武四郎＝吉田武三／漂泊のなかの修羅＝馬場あき子／放浪芸臨終の立会人＝加太こうじ／ほか
●第12号／71年11月号　**死生観**　その風土とイメージ　〝様式化された死〟への希求＝磯田光一／「葉隠」に

ついて＝塚本康彦／鼎談・沖縄の生と死＝桜井徳太郎・谷川健一・吉野裕子／アフリカの死生観＝阿部年晴／アイヌの死生観＝大塚和義／ほか

●第13号／71年12・72年1月合併号 **文化科学入門** 自然科学と文化科学の間＝香原志勢／比較文化論の根底にあるもの＝蒲生正男／人間科学におけるエロス＝小此木啓吾／社会病理の構造＝小田晋／神秘学序説＝高橋巌／時枝誠記＝鈴木英夫／南方熊楠＝神崎武宜／ほか

●第14号／隔月刊72年3月号 **暗殺** 歴史と思想の劇 明るい暗殺者の群れ＝内村剛介／暗殺以前のこと＝秋山駿／大津皇子への賜死＝松永伍一／神爾の隠された山河＝前登志夫／対談・諫死斬奸の思想＝津久井龍雄・橋川文三／異端派イスラムの暗殺者教団＝本田実信／ほか

●第15号／隔月刊72年5月号 **歌謡** その始源と底流 歌謡のおこり＝小泉文夫／ぼくの歌謡的体質＝野坂昭如／中世歌謡と民衆思想＝馬場あき子／近世の歌謡について＝西山松之助／中国古代の歌謡＝伊藤清司／アイヌ歌謡の世界＝更科源蔵／やくざうた＝井出英雄／深沢七郎氏インタビュー／ほか

●第16号／隔月刊72年7月号 **世捨て** 自然と虚構 隠遁の韜晦＝広末保／在原業平＝藤井貞和／放哉・山頭火＝村上護／松迺家露八＝加太こうじ／鼎談・世捨て思想と現代＝谷川健一・松田修・内村剛介／遊行の聖たち＝五来重／補陀洛詣で＝松田修／即身成仏＝益田勝実／山中他界観＝小松和彦／ほか

●第17号／隔月刊72年9月号 **グロテスク** 魔の復権 血の騒ぎ＝唐十郎／私のグロテスク＝吉田知子／不明のグロテスク＝草森紳一／地獄草紙・餓鬼草紙＝高田衛／裏街道の美意識＝宗谷真爾／仮面・刺青・化粧＝武智鉄二／民俗における怪奇の要素＝宮田登／春画とグロテスク＝日向あき子／ほか

●第18号／隔月刊72年11月号　**禁忌**　共同幻想の根源　タブーの諸相＝吉田禎吾／現代社会と禁忌の構造＝安永寿延／古代神話から神道信仰にいたる禁忌＝上田賢治／天皇制支配と禁忌＝後藤総一郎／差別と禁忌＝森崎和江／禁忌小百科＝吉野裕子ほか／近親姦禁忌の発生＝江守五夫／ほか

●第19号／隔月刊73年1月号　**夢**　想像力の源泉と文化の祖型　対談・夢と神話的世界の構造＝西郷信綱・山口昌男／夢と古代王権の儀礼＝岡田精司／夢と深層心理＝河合隼雄／未開社会の夢と占い＝阿部年晴／夢と逆攻＝黒田喜夫／中国人と夢＝金子光晴／ほか

●第20号／隔月刊73年3月号　**日本回帰**　西欧近代と日本との相克　対談・日本の近代とは何か＝谷川健一・川村二郎／反ディアログ・反近代＝内村剛介／明治国権思想とナショナリズム＝前田愛／横光利一の転向＝梶木剛／革命的ロマン主義＝松本健一／特別資料・座談会「近代の超克」／ほか

●第21号／隔月刊73年5月号　**日本人の美意識**　思想としての美の感性と論理　神話的想像力と古代人の美意識＝阪下圭八／旅・聖性・反自然＝松田修／瘦と婆沙羅＝馬場あき子／忠誠と忍従＝山折哲雄／諧謔とグロテスク＝広末保／殉教と死＝沢村光博／もののあはれ＝蒲生芳郎／性と美意識＝安田武／ほか

●第22号／隔月刊73年7月号　**江戸期の思想**　近代思想の源流　朱子学・近世思想の基底＝三宅正彦／近世の陽明学思想＝田中佩刀／本居宣長＝野崎守英／安藤昌益＝松本健一／石田梅岩＝柴田実／芸道思想＝西山松之助／頼山陽＝前田愛／水戸学＝村上一郎／横井小楠と佐久間象山＝松浦玲／ほか

●第23号／隔月刊73年9月号　**日本近代の思想的アポリア**　西郷と福沢＝橋川文三／透谷と藤村＝河野信子／蘇峰と愛山＝北川透／鑑三と天心＝村上一郎／兆民と秋水＝松本健一／美濃部達吉と吉野作造＝金原左門

／芥川龍之介と有島武郎＝佐藤泰正／柳田と折口＝村井紀／小林秀雄と井上良雄＝梶木剛／権藤と橘＝鈴木正節／ほか

●第24号／隔月刊73年11月号 **他界観** 彼岸のメタフィジック 神話と他界＝益田勝実／中世の信仰と他界観＝岩崎武夫／夢幻能と他界＝戸井田道三／海上他界の思想＝小松和彦／山中他界の思想＝伊藤幹治／鼎談・常世と御霊信仰＝仲松弥秀・桜井徳太郎・谷川健一／アイヌの信仰と他界＝藤本英夫／折口信夫と他界＝前登志夫／ほか

●第25号／隔月刊74年1月号 **日本フォークロアの先駆者** 田代安定＝三木健／笹森儀助／植松明石／岩崎卓爾＝谷真介／佐々木喜善＝菊池照雄／柳田国男＝牧田茂／折口信夫＝村井紀／早川孝太郎＝野口武徳／筑土鈴寛＝藤井貞和／中山太郎＝阿部正路／南方熊楠＝飯倉照平／知里真志保＝藤本英夫／ほか

●第26号／隔月刊74年3月号 **邪馬台国** まぼろしの国家の原像をもとめて 楽浪海中の民族・倭人とは何か＝上原和／騎馬民族と邪馬台国＝鈴木武樹／海人族＝立石巖／邪馬台国の習俗と宗儀＝直木孝太郎／卑弥呼とは誰か＝阿部秀雄／女王国・狗奴国・倭政権＝水野祐／国家構造＝山尾幸久／邪馬台国論争＝佐伯有清／考古学から＝森浩一／ほか

●第27号／隔月刊74年5月号 **明治の草莽者群像** 権力と民衆のはざまを生死する思想 相楽総三＝高木俊輔／藤田小四郎＝山口武秀／大楽源太郎＝古川薫／隠岐騒動＝判沢弘／林桜園と大田黒伴雄＝渡辺京二／西郷伝説＝河原宏／武相困民党＝新井勝紘／中村十作と謝花昇＝新里金福／石光真清＝石光真人／部落解放運動前史の人々＝猪野健治／ほか

●第28号／隔月刊74年7月号　**歴史思想と歴史学**　明治ナショナリズムと歴史思想＝平岡敏夫／明治維新論とマルクス主義史学＝しまねきよし／超国家主義と歴史体験＝鈴木正節／風土・自然・歴史＝野島秀勝／津田左右吉論＝大室幹雄／近代主義史学＝松浦玲／民衆史学＝芳賀登／在野史学＝松本健一／ほか

●第29号／隔月刊74年9月号　**天皇制**　その起源・構造・歴史過程　座談会・近代天皇制の政治構造＝神島二郎・芳賀登・後藤総一郎／天皇家の出自＝鈴木武樹／明治維新の思想と天皇＝判沢弘／天皇制＝神島二郎／昭和超国家主義と天皇制＝筒井清忠／民間信仰と天皇信仰＝宮田登／天皇道＝橘孝三郎／ほか

●第30号／隔月刊74年11月号　**戦後思想の現在**　対談＝鮎川信夫・磯田光一／戦後マルクス主義＝三浦つとむ／竹内好と戦後ナショナリズム＝北川透／近代主義＝松本健一／思想の科学＝室謙二／戦後民主主義＝森崎和江／吉本隆明と谷川雁＝渡辺京二／高橋和巳の戦後的位置＝菅谷規矩雄／連合赤軍＝遠丸立／ほか

●第31号／隔月刊75年1月号　**現代思想の難関**《アポリア》　対談＝石原吉郎・秋山駿／うすよごれたまれびと＝内村剛介／ソルジェニーツインの孤独＝桶谷秀昭／私信＝松下昇／最も奇妙な場所＝佐々木幹郎／戦後家族の陥穽＝芹沢俊介／ナショナリズム＝渡辺京二／差別＝高史明／天皇制＝小松和彦／宗教＝高尾利数／ほか

●第32号／隔月刊75年3月号　**近代日本とアジア**　鼎談＝判沢弘・安宇植・菊地昌典／頭山満・初期玄洋社とアジア＝上村希美雄ほか金子光晴・長谷川四郎・森崎和江・長田弘ら〈資料〉福沢諭吉「脱亜論」、北一輝「支那革命外史・序」

●第33号／隔月刊75年5月号　**性と家族**　対談＝吉本隆明・鮎川信夫／性・婚姻・家族＝江守五夫・村武精一ほか秋山駿・清水昶・芹沢俊介・岡田啓・宮城賢・清水昭俊・小島瓔礼・寺井美奈子ら。

●第34号／隔月刊75年7月号 **思想史の柳田國男** 宣長・篤胤、森有礼、独歩・藤村・花袋、南方熊楠、横井時敬、河上肇、北一輝、権藤成卿、津田左右吉、如是閑、小林秀雄、保田与重郎らとの思想対比〈資料〉柳田国男「私の哲学—村の信仰」

●第35号／隔月刊75年9月号 **自然** 思想的主題として 対談＝思想と自然＝桶谷秀昭・月村敏行／自然と数学＝矢野健太郎／自然への照応＝高田博厚／マルクスの自然観＝三浦つとむ／世阿弥と自然＝馬場あき子ほか益田勝実ら

●第36号／隔月刊75年11月号 **宗教とは何か** 対談＝宗教と思想＝吉本隆明・小川国夫／宗教・人間・国家＝内村剛介／攘夷論の宗教的構造＝磯田光一／歎異鈔のほとり＝黒田喜夫ほか丸山照雄・平尾隆弘・鳥尾ミホら

●第37号／隔月刊76年1月号 **ナショナリズム** 対談＝体験・思想・ナショナリズム＝鮎川信夫・橋川文三ほか戦後ナショナリズムの指標と帰趨、近代ナショナリズムの原質と構造など〈特別論文〉原始キリスト教＝田川建三

●第38号／隔月刊76年3月号 **民話** 伝承の想像力とその構造 民話の思想＝益田勝実／民譚の神秘と呪力＝宮田登／悪の思想とその伝承＝松田修／妖怪とは何か＝福田晃／異類婚姻譚＝阿部正路／伝承の構造＝藤井貞和他 付＝日本民話50選

●第39号／隔月刊76年5月号 **親鸞** ある親鸞＝吉本隆明／親鸞とその門弟たち＝宮崎円遵／中世浄土教思想と親鸞＝石田瑞麿／親鸞と法然の出合い＝松野純孝／晩年の親鸞＝古田武彦ほか森竜吉ら 付＝歎異鈔

●第40号／隔月刊76年７月号　**差別**　聖と俗、その象徴構造と支配　偏見と性格＝ホルクハイマー他（清水多吉訳）秩序と穢れ＝阿部年晴／中世芸能における賤なるもの＝笠原伸夫／清姫の角＝高田衛ほか〈資料〉柳田國男「所謂特殊部落ノ種類」

●第41号／隔月刊76年９月号　**昭和思想**　戦前・戦中　昭和維新と軍部＝判沢弘／日本浪曼派＝藤井貞和／転向文学＝梶木剛／満州建国＝松本健一／「近代の超克」＝菅孝行／宗教弾圧＝飯田良一／昭和研究会＝鈴木正節ほか片岡啓治ら

●第42号／隔月刊76年11月号　**死とは何か**　死とは何か＝宮城賢・秋山駿・鷲巣繁男・石原吉郎・滝浦静雄・森山公夫他／意識と心理＝小此木啓吾・荻野恒一／文学・思想＝饗庭孝男他／宗教・民族誌＝高橋英夫・楠正弘ほか

●第43号／隔月刊77年１月号　**共同体論**　共同体の原理・構造・歴史過程とその思想的課題にわたり月村敏行・有賀喜佐衛門・中村吉治・神島二郎ら執筆〈対談〉玉城哲・松本健一〈資料〉福島県林野実状＝柳田國男のノート

●第44号／隔月刊77年３月号　**中世的世界**　その時代と思想　中世とは何か＝林屋辰三郎他／中世の国家と社会＝村井康彦他／集団のなかの人間＝益田勝実／中世の思想と文学＝五来重他／中世出家論＝上田三四二／中世の民衆文化など

●第45号／隔月刊77年５月号　**ことばを考える**　ことばとは何か＝西江雅之他／日本語の歴史と構造＝村山七郎他／ことばと文字＝矢島文夫他／ことばと表現＝竹内敏晴他／現代日本語の構造と特質＝大石初太郎他

／方言など

●第46号／隔月刊77年7月号　**閉塞の時代**　往復書簡による現代状況論の試み　宮城賢・桶谷秀昭／秋山駿・中上健次／月村敏行・北川透／内村剛介・葉山あき／菅孝行・黒田喜夫／後藤総一郎・色川大吉／松本健一・森崎和江／安宇植・和田春樹／芹沢俊介・鈴木志郎康／荒川洋治・清水昶／磯田光一・鮎川信夫／丸山昭雄・高史明／鎌田忠良・赤瀬川原平／三上治・最首悟／松浦玲・山中恒／関沢紀・鎌田慧／村田栄一・萩元晴彦／佐藤藤三郎・守田志郎／沖山秀子・力川徹

●第47号／77年8月臨時増刊号　**西郷隆盛**　歿後百年の現在から幕末・維新・西南役の闇を照射する　座談会＝坂元盛秋・加太こうじ・清水多吉他／西郷南州と南の島々＝島尾敏雄・橋川文三／西郷南州とは・海音寺潮五郎／西郷隆盛と幕末戊辰の死者たち・渡辺京二／西南戦争論・清水幸義／菅孝行／布川徹郎／尾崎秀樹／酒井忠康他

●第48号／隔月刊77年9月号　**女性・社会・文化の深層構造**　女・この被うもの・永瀬清子／福田定良・素人衆としての女の立場／日向あき子・異星のモラル／阿部年晴／共同体社会の女性原理／吉野裕子・南島における神と女／西山松之助・中・近世の女／福島章・女性の犯罪／益田勝実／宮田登／秋山さと子他

●第49号／隔月刊77年11月号　**妻たちの歴史**　芹沢俊介・大衆・婚姻・家／古川薫・高杉晋作における二つの愛／鈴木正節・東條英機とその妻、登美／保阪正康・森有礼とその妻、阿常／村上重良・出口王仁三郎とその妻、すみ／松本健一・北一輝とその妻すず子／内山隆・田中正造とその妻、カツ／西原和海／梅原正紀／駒尺喜美他

●第50号／隔月刊78年1月号　**伝統とは何か**　死と再生の現在から問う　廣末保・伝統について／内村剛介・エリートの廃滅／伝統への視座・安永寿延／松田修・西の文化と東の文化／饗庭孝男・風土と伝統の文脈／二人のポエタ・ドクトゥス・大室幹雄／篠田浩一郎／竹内芳郎／前登志夫／田中克彦／藤井貞和／金子兜太他

●第51号／隔月刊78年3月号　**子どもの世界**　立原えりか・昔、ふたりの……／天沢退二郎・《子ども》1～5／柳瀬尚紀・アリアス・マリス『アリスなんて……』抄訳／中沢新一・どこからやってくる／本田和子・子どもとコトバ／宮城賢・遠くと近くと／小此木啓吾・フロイドからみたコドモ／今江祥智／堀切直人／芹沢俊介他

●第52号／隔月刊78年5月号　**現代大衆論**　戦後社会の変貌を規定するものは？　インタビュー＝吉本隆明／対談＝内村剛介・佐藤忠男／田川建三・支配権力の基盤としての大衆／川本三郎・大衆なんて知らないよ／玉城哲・大衆社会と現代農村／片岡啓治・幻想の砦のなかで／亀井俊介・別世界の女、隣りの女／黒田三郎／長谷川龍生／稲垣尚友他

●第53号／隔月刊78年7月号　**地名・町名を守る**　谷川健一・地名を守る意味／池田末則・古代地名の保存／鏡味明克・新住居表示にみる新町名命名の問題点／丹羽基二・地名と姓氏は親子です／宮本常一／茨木のり子／清水幾太郎他

●第54号／隔月刊78年9月号　**人間と自然環境**　森田三郎・干潟からの声／松下竜一・利用価値を問うのではなく／大山勇作・屋久島原生林からの告発／山本素石・ほろびゆく山民・山魚／岩野泰三・生きものたち

の姿を未来へ／新崎盛暉・琉球弧の現状と住民の闘い／山田国廣・瀬戸内海は甦えるか／篠田健三・自然保護運動・各地から

●第55号／隔月刊78年11月号 **現代ふるさと考** インタヴュー＝神島二郎／谷川健一・「ふるさと」という妖怪／対談＝黒田喜夫・松本健一／里深文彦・近代技術のふるさと／市村弘正・都市の周縁／ねじめ正一・極私的、かつ初歩的民芸論／後藤総一郎・「在地」の思想／渡辺英綱・鶴畜生、松蓄生……他

●第56号／隔月刊79年1月号 **私塾の思想** 渡辺京二・私塾の存立／古川薫・松下村塾辺境の炎／吉武好孝・蘭学塾、英学塾の展開／保阪正康・農本主義的私塾の軌跡／磯部浪・豊宮崎文庫と林崎文庫／インタビュー＝仲代達矢／後藤総一郎／新島淳良／井上光晴／片岡啓治／小西豊治他

●第57号／隔月刊79年3月号 **出版**この果しなき飢餓 対談＝小宮山量平・江藤文夫／前田愛・七〇年代読者の位相／津村喬・戦後的読書空間をこえて／原田奈翁雄・筑摩書房・わが幻想共和国／小林一博・倒産の構造／美作太郎・歴戦の将大いに談ず／小汀良久・岩崎徹太／柴田良平／下條泰生／八木壮一／能勢仁／齋藤正治／齋藤次郎他

●第58号／隔月刊79年5月号 **自閉と現代** その〈不幸〉なる意識と時代・自閉症 インタビュー＝木村敏／芹沢俊介・「現実とのかかわりの変容」への註／馬場喜敬・人間 - その自閉と生のリズム／大川信明・自閉―その組織論的構図／高橋輝雄・幼児の中の幼児／生沢久子・自閉の克服へ／対談＝秋山駿・清水昶他

●第59号／隔月刊79年7月号 **巡礼** 聖俗両界を巡る 山折哲雄・巡礼の構造／大森忠行・礼所―その美学的空間と構造／新城常三・巡礼の歴史／北見俊夫・宗教的交通史と巡礼／前田卓・西国巡礼と疎外された遍路

たち／鴻英良・遍歴するロシアのキリスト／渡辺英綱・伯母のこと／前嶋信次・イスラム巡礼小話／立川昭二・いやしへの旅路／対談・栗田勇・佐々木宏幹他

●第60号／隔月刊79年9月号 現代に愛は可能か 小川国夫・愛といのち／伊丹十三・父親探しの旅／大島渚・残された唯一の危険思想／美輪明宏・たった一人の革命／藤田敏八・人みな、海に還る／河野信子・巫女性と娼婦のあいだ／福島泰樹／川上宗薫／山田太一／ヨネヤマママコ・可愛いい女が鬼になる／松橋勇蔵／片寄京子他

●第61号／隔月刊79年11月号 **読者への回路** 続・出版 山本七平・出版の基礎をこう考える／津村喬・私の行商日記／祝部陸大・編集者の不安と美酒／小林一博・流通ルートの多様化／小汀良久・読者にとって再販制とは何か／高橋昇・出版流通近代化構想批判／田口常雄・プロダクションシステム／鈴木喜久一・ひそやかな反撃他

●第62号／隔月刊80年1月号 **三島由紀夫以後10年** 対談＝丸山照雄・菅孝行／片岡啓治・〈共生〉へ、身を灼く希求／猪野健治・最後の勤皇志士／再録構成・堀田真康／最首悟・全共闘運動と個としての私／保阪正康・「楯の会」はどこに行ったか？／アンケート・黒田喜夫、磯田光一、葦津珍彦、田川健三他

●第63号／隔月刊80年3月号 **性は有罪か** 野口武徳／性とわいせつのフォークロア／竹村一・「ワイセツ」裁判から／下川耿史・厳粛な裁判所の滑稽な／林宗宏・性書出版と私／長谷川卓也・猥褻年表1945-79／齋藤正治／落合誓子／若林一美／田中浩／尾形彰宣／小野常徳他

●第64号／隔月刊80年5月号 **世界宗教聖言集** 国家・権力・生と死・性・ほか 高尾利数編・ユダヤ教／高

尾利数編・キリスト教／黒田寿郎編・イスラーム教／宮坂宥勝編・インド（原始仏教ほか）／村岡空編・密教／安富信哉編・親鸞他

●第65号／隔月刊80年7月号 **天皇制を考える** 小島信一・天皇家の発生／松本健一・幕末・維新と近代天皇制／後藤総一郎・昭和史における天皇制／菅孝行・天皇制と現代思想／丸山照雄・天皇制と宗教問題／宮田登・人類学・民俗学から／後藤総一郎・政治構造の考察／有本康夫・内外ジャーナリストの天皇レポート他

●第66号／隔月刊80年9月号 **精神病理を考える** インタビュー＝岸田秀／片岡啓治・性の社会理論他／東大精神科医師連合（森山公夫ほか）・精神医療の変革／対談＝小野泰博・佐々木宏幹／高橋輝雄・自閉症をめぐる情況に向けて／生江久・精神病‐犯罪‐〈異人〉のイメージ他

●第67号／隔月刊80年11月号 **言葉と表現の現在** 対談＝三善晃・榊原陽／国分一太郎・談話と文章／関川夏央・マンガ・タイトル論／津野海太郎・物語る俳優について／藤山顕一郎・映画撮影現場から／塩見鮮一郎・表現としての「差別語」／粂川光樹・佐藤信夫／金達寿他

●第68号／隔月刊81年1月号 **時代のなかの「若者」** 対談＝赤瀬川原平・林静一／松橋勇蔵・写真構成・若いほかいびと群……／関川夏央・大きい虚像、小さい虚像／松田哲夫・いまの若者はピカピカ光って……／種村季弘・贋作三浦老人昔語り／上野昂志／神島二郎他

●第69号／隔月刊81年3月号 **都市論** 対談＝小田実・佐藤健／三浦周治・都市の像／佐江衆一・視覚なき都市／陣内秀信・ヴェネツィアの二つの広場／池田亮二・東京はふるさとになるか／鴻英良／鎌田慧／内藤

正敏・下川耿史他

●第70号／隔月刊81年５月号 **インド憧憬** 対談＝松山俊太郎・津田真一／江口雄輔・若きエリアーデのインド志向／宮坂東洋文・インドの論理学の性格／飯塚キヨ・世界苦の集約都市／西江孝之・「ゴータマ」という男／竹内義三・インド愛憎／沖守弘・貧民の中に立つマザーテレサ／石牟礼道子他

●第71号／隔月刊81年７月号 **朝鮮の民衆文化** 岡本太郎・李朝文化／森崎和江・板跳びをする少女／高良留美子・韓国の道路と民謡／鶴園裕・『春香伝』のおもしろさ／高島淑郎・民衆の唄／大谷森繁・口承伝統のエネルギー／梁民基／沈雨晟／梁永厚／小沢恂子／斉藤みどり他

●第72号／隔月刊81年９月号 **単身者文化論** 対談＝神島二郎・前田愛、日本近代と単身者／粉川哲夫・奪われる単身者／清水昶・単身者の孤独／木田紀雄／駒尺喜美／稲生美喜子／高木護・日々、死出の旅／丸山照雄・自由への道――宗教的単身者とは？他

●第73号／隔月刊81年11月号 **日本宗教と部落差別** 藤原正樹・宗門形成と部落解放運動／三帰義光・真宗における解放運動とその課題／辻内義浩／山崎龍明／原伴彦／相馬信夫／東海林勤／小柳伸顕／猪野健治／西川嘉一／八木晃介／伊藤修一／小野一郎／東岡山治／インタビュー＝三国連太郎・「ひじり」に帰る他

●第74号／隔月刊82年１・３月合併号 **民衆文化への視点** 戸井田道三・落語／真壁仁・太鼓／楠原彰・民衆文化私感／片寄みつぐ・炭礦と水牛と青い空／C・モクリスキィ・伝統の再評価／A・ボアール・ラテン・アメリカ演劇／神村隆志／粉川哲夫／森山軍治郎／桑野隆／浦雅春／田中和男／C・グロス他

●第75号／隔月刊82年５・７月合併号 **宗教の時代** 小野泰博・流れ灌頂から水子供養へ／小野良世・法難

と信仰／川本義昭・「日本人」大衆と親鸞／出口和明・「大本」の筆先にみる特異な発想／世界の宗教、桑原重夫・韓国、瀧田眞砂子・イスラム圏、石川晃弘・ポーランド／鴻英良他

●第76号／季刊83年夏号 **差別と天皇制** 菅孝行・被差別と天皇制／梶村秀樹・朝鮮を通してみた天皇制の思想／村野薫・伊勢・宇治山田における部落問題／福地幸造／丸山照雄／師岡佑行／中山武敏／徳永五郎／梁容子／座談会＝岡本恵徳・川満信一・新川明、沖縄差別と天皇制他

●第77号／季刊83年秋号 **教団** 戸次公正・浄土・寺・僧と現実／玉光順正・浄土と国家／丸山照雄・真宗大谷派『同朋会運動』の現在／菱木政晴／堀光男／菅田正昭／犬飼政一・ローマ教皇論／木村真昭／出口三平・受苦と大愛の神的宇宙の回復へ他

●第78号／季刊83年冬号 **死刑** 石井榮郎・ドキュメント絞首刑執行／前田俊郎・死刑判決の一視角／前坂俊之・死刑と誤判／葦沢圭・死刑制度の現段階／下川耿史・死刑囚の生と性／戸次公正／村野薫・日本の絞首刑はいかにして発達したか／明治・大正・昭和死刑事件史総合年表他

●第79号／季刊84年春号 **靖国** 庭野日敬・「国家」より「国民」へ／力久隆積・靖国問題を問う／清水雅人・靖国公式参拝見解を検証する／相馬信夫・カトリックはこう考える／三橋健／今村嗣史／菅孝行／穂坂久仁雄／桑原重夫／和田稠／出口三平・対抗神話を身体化しつつ／横山真佳・天皇制ファシズム下の仏教他

第3章

沼津・松蔭寺時代

一九八四（昭和五九）年の七月末、東京駅から出発した東海道線の向い合わせの四つの席を三人の大人と一羽の鳥が占めていた。巖浩と妻の瑠璃子、それに友人の救仁郷建。簡素な鳥籠の止り木に足を揃え、飛びゆく風景と主人を交互に見比べながら不安気に目を白黒させているのはヤマガラのピノ。何年か前に妻の喜ぶ顔を見ようと求めてきた鳥である。熟柿や蜜柑、摺り餌で大事に飼ってきた。帰巣本能の強いヤマガラは放し飼いにしていてもちゃんと自分のねぐらに帰ってくる。一日中部屋の中を自由にしている。二人の背中や肩に止ってチッチッチッと囀っている。子供のいない二人には今やかけがえのない家族の一員である。荷物といえばほんの数個のバッグと風呂敷包みくらいだ。あらかじめチッキで先方に送っておいた。

不安なのはピノだけではない筈だ。この場では後見人とでもいう救仁郷も、三十五年の東京生活を捨てて東海の片田舎に住むという友人が、果してその単調さ、湿気を含んだ田舎特有の人間関係にとても耐え得ないのではないかと内心気を揉んでいた。何しろ出版界での巖の豪胆さや無頼ぶりは並みはずれていたし、仕事は夜の飲み屋ですべてが行われていると噂されていたほど、彼の生活はネオンの灯や都会の喧噪とは切り離して考えられなかったからだ。

ところが、当の本人は至って快活。気軽な移動、旅くらいな気分でいる。更に不思議なことに隣りに座っている妻の方も、どこか明るい。

巖は、誰にも相談せずに一人飲み屋の片隅に座って、もうこれ以上の会社の存続を断念した夜、妻の瑠璃子にそのことを告げた。そして都を捨てて故郷の津久見を対岸にみる宇和島にでも行こうと思う、と言った。何の当てもあるわけではなかった。知った人間もいない。しかし、まだ人一倍体力には自信がある。農業でも漁業でもやってみせる。以前、津久見から船に乗って遊びに行った宇和島の町を気に入っていた。昔から北前船の停泊や、朝鮮、中国、台湾、東南アジアと往き来する船の漁師や商人たちがいて、豪放でどこか猥雑な空気が漂っていて他所者も容易に受け入れる素地がある、と思った。そのとき泊った木屋、花屋という古くからの旅館があって、そこで番頭でもやっていいとも考えた。

——どこまでもあなたに付いてゆくわ。それに私は東京で生まれて、東京で育ってきて、東京以外は知らないの。だから残りの半生を東京以外のどこか見知らぬ町や村で過ごすのって素敵だわ、と妻は気丈に答えた。

しかし、行く先は急拠、沼津ということに変更された。

東京を去る前に一人の人間にだけは挨拶しておこうと思った。七高時代の柔道部の先輩である四元義隆である。巖は東京大学の学生のとき兵隊にとられ、入営のために九州に帰る四四年末、当時高井戸に住んでいた四元を訪ねて別れの挨拶をした。そのとき四元は、この青年のために一杯の唐芋の芋粥を馳走しながら「君は死ぬんだよ」と静かに言った。芋粥のおいしかったことと、四元の静かな口調は、いつまでも彼の心に残った。同時に青年は死なずに帰って、生きている。

四元義隆、手元にある人名事典を開いてみる。鹿児島県出身、第七高等学校（現・鹿児島大学）卒、東京帝大法科中退。昭和七年の血盟団事件に連座し入獄。懲役一五年。一五年恩赦で出獄。一九年翼賛壮年団理事となり、二十年より近衛文麿元首相の秘書や緒方竹虎のブレーンとして活躍。二三年農場経営を経て、三〇年田中清玄のあとを継いで三幸建設工業の社長となり、同社を見事再建。鈴木貫太郎、吉田茂、池田勇人、佐藤栄作の歴代内閣と関わってきた、非利権右翼の一匹狼。中曽根元首相の陰の指南役ともいわれる。柔道五段、剣道は示現流の使い手（「20世紀日本人名事典・日外アソシエーツ」）とある。別の事典などには、昭和期の右翼運動家とか国家主義者とかあるが、非利権右翼の一匹狼、と事典らしくない言葉で説明されているのがおもしろい。

巖は出征の挨拶以来、四元には会っていない。多忙な四元に遠慮してなのか、それとも文学的に思想的に彼から離れていこうと意図してのものなのか、その辺のところは分らない。少なくとも、彼が書く回顧的な文章にも、四元が実名で記されることはなく、Ｙという頭文字が印されるだけである。

だからこれ以上、四元のことを書くのはいたずらに巖を刺激することにもなるし、この論旨からも大きく逸脱することになるのだが、私はもはや過去の人物であり歴史上の人とばかり思っていた四元義隆の名が生々しく甦り、さらに静岡の、しかも西のはずれにある松陰寺という寺の名を知ったときの不思議な気持ちを少しばかり思い出した。

今は新聞をろくに読まなくなったから、そんなコラム記事が続いているのかどうか分らないが、首相の一日の行動を記した簡単なメモ的なコラムがあって、私は一時期そんなところに興味を持ったことがあった。当時の首相は中曽根康弘。中曽根は、一九八二（昭和五七）年から八七（昭和六二）年まで内閣総理大臣を務めた。これは先日小泉純一郎に抜かれるまでは吉田茂、佐藤栄作に次ぐ歴代三番目の長期政権だった。総理大臣といえば最大派閥から選出されるのが当り前といわれた時代に、風見鶏、田中曽根などと揶揄されながらも権力の座に居続けたのも、その堂々とした風貌に与るところが多かったと思える。

日本人の体格は小さい。外国へ行ってその国の要人たちと肩を並べて写真を撮る。一段と背の低い男が、しかも言葉も喋れずただ笑っているだけ、それが歴代トップの定った姿だった。ところが中曽根は違った。レーガンをはじめ接した外国人と比べても体格的に遜色がなく、英語も堪能である。何よりも元海軍少佐である。背筋がピンと張って低い声での語り口は威風堂々としていた。

そんな彼の一日の行動で不可解な時間が度々あるのに気がついた。夜中近く高速道路をとばして沼津へ、明け方になって帰ってくる。週に一度か十日に一度くらいの割合である。行く先は禅寺、名前は松蔭寺ということも、そのとき知った。軍人、しかも泥臭い陸軍とは違って、日本海軍の西欧列強に倣った近代合理主義的な訓練・素養で育った筈の彼が、なぜ、正反対の世界ともいえる禅寺に頻繁に通うのか不思議に思えた。そして、そのうち彼のバックボーンの一人に四元義隆という存在があることも知った。更に、四元の名や松蔭寺は、細川護熙元首相や新党さきがけの武村正義らにもよく使われた。だが、彼自身の高齢化もあったろうが、〝知事時代から目をかけていた〟という細川が退陣してから、マスコミから消えていった。

四元は、鎌倉の古刹・円覚寺の塔頭蔵六庵で娘さんと二人で暮していた。晩年は郷里の鹿児島に帰って妻と二人で暮すのだと、常々言っていたが、その夫人が亡くなってしまったからだ。近くの料亭に巖を呼んだ。巖には救仁郷、高橋、玉井が付いていった。そこにはもう一人、沼津の松蔭寺から和尚が呼ばれていた。四人は巖の会社が倒産したという暗い気分はどこにいったのか、美酒のためか、料理のせいか、我を忘れて酔い痴れていた。まるで年を重ねることを忘れた万年政治青年、文学青年のいつもの姿である。そんな姿に酒を嗜まない和尚はただ呆然としていた。老師に向って、戦後政界の黒幕は深々と頭を下げた。

――彼をよろしくお願いします。白隠さんの墓掃除でもさせてやって下さい。

寺男としての巖の仕事は沢山あった。山門を入って本堂までの庭の砂利を金熊手で筋立てする。

墓地の草取りも簡単ではない。一通り除草し終ったときは、もう最初に手掛けた辺りにはびっしりと雑草が生えている。寺の中の廊下だって、海に近いために細かい砂が吹き込んで一日たりとも手を抜けない。

しかし、巖がまず取りかかったのは墓地の片隅に穴を掘ることだった。師に言われたわけでもない。大きな穴を掘って、その中に溜りに溜ったゴミを投げ込む。いずれ焼却して埋めようと考えた。ただ頭の中で構想した穴掘りは、現実には容易ではなかった。掘れば掘るほど周りの土が崩れ落ちてくる。一〇〇メートルも歩けば海岸線に行き着くこの場所は、その昔、海に面していた。いや海の底だった。だから、土といっても砂に近い質のものだ。掘れば掘るほど足元に溜ってくる。それをシャツ一枚、半ズボン姿でもくもくと繰り返す。まるで蟻地獄の底で足掻く蟻である。拭ってもふき出してくる汗が目に入る。痛い。口の中に含む。塩辛い。そのことが彼の身体を熱くし歓びさえ湧き上らせる。長く眠っていた感覚だ。働いても働いても返品の山になる。頑張っても頑張っても借金の山になる。だが、彼はそれが何であるのか、どこからやって来るものなのか一切考えないで、掬い上げた土砂をのせたスコップを左手で支え、右腕で放り上げる。

七高時代、柔道部の部員の中でも小柄の方だった。大男が何人もいた。まともに正対して組んでも勝ち目はない。巖は寝業が得意だった。すぐに下から潜り込むようにして半身（はんみ）になった。強い右腕の力を利用して相手を引きつける。巖の毬栗頭と相手の頬が試合中ずっと擦れあう。相手は、そんな巖の半身の組み方を嫌って顔を上げる。上体が伸び切ったところに彼の投げ業がとぶ。寝業に引き込む。だから、巖の柔道は、彼自身の異常に強い右腕の力がすべてといっていい。左手を支えにして右腕で土砂を掬ったスコップを下から上へと放り上げるようにして穴の外へ掻き出す。その反復が彼を夢中にさせた。深さ二メートル、直径で六、七メートルになってもまだまだ掘り続ける姿に、老師も妻も、お手伝いさんも近所の人も無言で見守り続けるだけだった。

そんな巖の行為を、もし白隠さんが見たとしたら、これもまた修行禅だと言ったかどうか。

その白隠禅師について、私は『夜船閑話《やせんかんな》』の著者であり、江戸中期の僧くらいの知識しかない。そこで二冊の本を買ってきて俄勉強。一冊は栗田勇著『謎の禅師 白隠の読み方』(NoNBook・祥伝社)。二冊目は芳澤勝弘著『白隠――禅画の世界』(中公新書)である。白隠は一六八五年、東海道五十三次の七番目の宿場になる原宿、現在の沼津市原で、沢潟屋《おもたか》という旅籠を営んでいた長沢家の二女三男の末っ子として生まれた。婿養子である父の先祖は熊野の武家の血を受け継いでいたというから、熊野権現の発する宗教的な雰囲気を持ち合わせていたかもしれない。現在の富士市にある天台宗実相寺で、日蓮上人が『立正安国論』を起草するため逗留していたとき日蓮に深く傾倒し弟子になったといわれる人が長沢家の先祖にいた。白隠の父の叔父にあたる人は、後に白隠が居とした松蔭寺の中興の祖・大瑞宗吾という人だったという。

さらに母の妙遵《みょうじゅん》(法名)は、ある夕、伊勢大神宮のお札が沢山飛んできて屋根の上にたなびいている夢をみて、白隠を孕んだというから、もう家庭環境そのものが宗教的だったといえる。それでなくとも、古来から富士山麓一帯は山岳信仰の聖地として濃く宗教的空気が漂っている場所である。

十五歳で出家得度、慧鶴《えかく》と名づけられる。そして、全国の寺々を修行行脚する。その中でも白隠に大きな影響を与えた二人の禅匠との出会いがあった。一人は信州飯山の正受老人で、もう一人前になったと自惚れていた白隠は、その天狗の鼻を徹底的にへし折られた。老人は真田幸村の所縁の人だという。もう一人は京都白河山中に隠れ棲んでいた白幽仙人。のちに白隠が展開する悟りや境地は、この不思議な仙人に負うところ大であるとされている。

松蔭寺では壇家衆が集って、よく漬け物をする。それも半端ではない。まず沢庵、宮崎からコンテナトラックで送られてくる生干しの大根を四斗樽の底に隙間なく敷きつめ、塩と糠をまぶす。その上にまた同じように大根を並べ、上の方へ上の方へと重ねてゆく。十三樽にも十四樽にもなる。腰が痛くなる。青森からも同じようにコンテナでラッキョウが届く。一トンにもなる漬け物の作業は、壇家の女子衆も加わって賑やかになる。まず水洗い、根切り、一週間ほどの塩漬のあと、また水洗い、それから数十個のガラス瓶に本漬け、とこれも大変な作業だ。根切りのために使う包丁は、すぐに鈍磨する。それを砥ぐのも巖の仕事だ。

寺の裏手のすぐ近くに東海道線が走っている。踏み切りを渡って十分も歩けば海に出る。さすがに越してきた当初の二晩や三晩は、夜更けまで断続的に走り過ぎてゆく列車の音やカン、カン、カンと鳴る踏み切りの音、ザーザー、ザブンと押し寄せては引き返してゆく波の音に言い知れぬ寂しさを感じたが、壇家衆の邪気ない声に囲まれて一日、二日と過ごすうちに、それも気にならなくなった。ともかく長い間、新聞や雑誌、本をつくるための机の上の仕事から解放されて、無闇矢鱈に身体を動かせることに心地よさを感じていた。

大工仕事も、彼の身体に歓びを与えた。大工仕事といっても、本職の大工が出入りしているので最初は板塀の修理とか薪小屋の屋根作りをしていた程度だが、本職の大工から、オイラの仕事がなくなっちゃうよ、と冗談を言われるくらいに、すぐに上達した。その大工から鉋《かんな》や鑿《のみ》の砥ぎ方も教わった。そのとき砥石ごともらったのを今でもうれしくて持っている。チェーンソーの扱い方も習得した。宝蔵裏に長いこと山積みされ放置されていた、文字通り山のような量の古材を切断して薪にもした。五右衛門風呂を焚くのも彼の仕事だった。

早朝と夕方、鐘楼に上って梵鐘も撞いた。小僧たちは般若心経を唱えながら撞くのだが、巖はただ無心で撞いた。ときには朝五時に鳴るはずの鐘が鳴らない。また寝坊しているな、と飛び起きて、小僧部屋に向って、起きろ！と怒鳴りつけておいて走る。巖が撞いているところへ、小さな体に大きな衣を半分引っかけた恰好で頭を掻きながら小走りでやってくる小僧たちの姿がおかしかった。

月に一度の托鉢にも出た。

「この寺の僧だが、いつもは静岡市にある道場寺（今川義元の菩提寺）で何年も修行している三十代の圓明という屈強の人が、必ず帰って来て引手をつとめる。リーダーである。この人が現在の松蔭寺の住職。素足に草鞋を結びつけ、墨染めの衣の裾をたくし上げて独特の縄帯を締め、網代笠をかむり、頭陀袋を首から下げる。引手《ひきて》に続いて当寺に掛錫《かしゃく》していた雲水の康《コツ》さん、小僧の育坊、通いの尼僧、それにシロートである書生や私などが加わり、白隠墓所で読経してから出発する。

各人或る距離を保って「おー、ほー」と大声を発しながら歩き、金銭や米などの喜捨を受ける。はじめのうち、声がうまくいかなかったのが、まもなく力のこもった大音声《だいおんじょう》が出せるようになった」（巖浩「隻手の音声」——雑誌「丁卯」第18号）

寺での生活は三食付きとはいえ無給だ。しかし酒だけはふんだんにある。胃を切って酒を断っている老師は、お布施などの酒類を巖に廻してくれる。いつしか出入りの職人や檀家の人も加わってきて台所での酒宴は深夜まで及び、朝方までになることもしばしばだ。さすがの老師も不快指数が上ったが、檀家衆がいては、いちいち目くじらを立てるわけにはいかない。それにも増して朝早くから一日中、寺の掃除や修理、行事業務をこなす巖の仕事量を考えれば少々のことは目を瞑るしかない。

山門には立派な字で、臨済宗白隠派大本山松蔭寺とある。本山を名乗ったが十五山が認めるわけはなく、独立した形で白隠派と称しているらしい。門の左手には数十メートルの老松がたっている。その天辺に鍋か鉢のようなものが冠せられているのが見える。擂鉢の松という。江戸時代に白隠に教えを乞う大名が何人もいた。備前の池田公もそのうちの一人。あるときお礼をしたいのだが何が欲しいかと問われ、白隠は自分を慕って何人もの若い僧が集まってきて、とてもこの寺には泊めきれない。村人の納屋や軒下、木の陰などで寝泊りしている。そこで彼らに与える食事の味噌や糠を擦る鉢が必要だと答えた。早速、池田公は沢山の鉢や鍋釜を送った。その内の一つが後世になって雨腐りしないようにと松の天辺の切口にかぶせられたのだという、言い伝えである。山門をくぐって左手には鐘楼、太子堂があり、正面にはむしろ小ぶりな本堂と道場。脇をぐるっと廻り込むと墓地になる。

白隠の墓もある。目をひくのはその墓をとり囲むようにして並んでいる小さな卵型の墓。これを卵塔というのだそうだが数十基もある。みな白隠を慕って集まった僧たちが経を読み、公案に取り組み坐禅をした。そして燃え尽きて死んでいった人たちの墓だという。

原には沢山のお寺がある。松蔭寺から一キロも離れていない距離内にある。駿河には過ぎたるものが二つあり、富士のお山に原の白隠、とうたわれてきた。みな白隠所縁の寺だ。西念寺、徳源寺、昌原寺、清梵寺がある。長興寺もその一つである。ある年の暮、その長興寺を巖さんに連れられて訪ねたことがある。住職は坊津出身で、青春時代を鹿児島で過ごしたことのある巖さんと話が合うのか、その時も薩摩半島や大隅半島を洗う東シナ海と太平洋の蒼い色をなつかしそうに語り合っていた。さらに後日年に一度縁日にご開帳になる清梵寺の地獄極楽変相図を見にいったときにも、住職はその由来をわざわざ丁寧に説明してくれた。知識も半端ではない。

白隠の禅画は確認されているだけでも約二千点。おそらくはその数は倍近く画かれているだろうといわれている。どれもみなおもしろい。特に幼少の頃から目にしていた街道に屯していた比丘尼、餅花売り、おたふく女郎、すたすた坊主、わいわい大王などの図とその賛や偈は実に分り易くて批判精神に富んでいて感心させられる。また芳澤氏の解説・解釈も説得力がある。ここでは長興寺にまつわる逸話を引用させてもらう。

白隠に「よしきり図」というのがある。ヨシキリ（葦切り）はウグイス科の小鳥、水辺の葦原にすみ、五〜七月に鋭い声でギョギョシと鳴くので行々子とも書く。そのことは柳田國男の『野鳥雑記』の中の「鳥の名と昔話」にもあって、こんなふうに書かれている。

〈行々子は全国の隅々に亘って、其名と因みのある一定の昔話をもち伝えて居る。……簡単に其筋をいうと、昔々或る処に長興寺というお寺があった。そこの寺男が和尚の伴をして行く途中、主人の草履を片一方落してしまった。それが不埒だというので打首になり、下男は死んで行々子になった。それ故に今でも此鳥は《チョコウジ、チョコウジ。ゾウリカタアシナンダイダイ、キラバキレ、キレキレキレ》と啼くのだという。〉

禅宗での隻履は初祖達磨の法を象徴するものだそうだ。そこで駿河辺の葦原で仰々しく鳴いているヨシキリの声を聞きながら、白隠はこんな昔話を思い出して画いただろうと芳澤氏は書いている。

確かに、海辺だった松蔭寺、長興寺の一帯は、地名通り沼と池の多い葦原だったに違いない。北の方へと歩いてゆくと今では幾筋もの用水路として整理されているが、昔日の面影は残る。両岸に植えられた桜の並木の枝々が水面へと垂れ下らんばかりに伸びている。中州、寄州にはびっしりと葦が生えている。その間隙をぬって鯉や石斑魚や雑魚の影が走る。ヨシキリが鋭い声で叢の中から訴えていた。心なしか、チョウコウジ、チョウコウジ、ナンダイナンダイ、キレキレキッテミロ、と聞こえる。

用水路や川を歩いていると、いつでも富士の山が目に飛び込んでくる。その姿に圧倒されながら歩いて海へ出た。長々と続く千本松原、そして並走する部厚いコンクリートの壁、防潮堤である。

その用水路にも防波堤にも思い出がいっぱい貼りついている。巖は寺で生まれた数羽のアヒルを、雑草を食べるというので連れていって放したこともある。籠にパン屑を入れて持っていって撒き与えた。川の両岸に桜の植樹もした。大きくなって川面に枝を垂らしている樹々だ。人はそれを白隠桜といって春に楽しんだ。ここでは何もかもが白隠さんだ。たまに駅前の、これでもやっていけるのかと思えるほど客の疎らな飲み屋にいくと、ここでも出てくる酒はやっぱり正宗白隠。

この辺りの海は沖に向って少し進んだだけでいきなり深くなる。波も荒く高い。だから遊泳禁止区域だ。たいていの人は散歩は防波堤の上を歩いてゆくし、夕方の若い男女の語らいや老人子供たちは、この分厚いコンクリート壁の上に座って海を眺め、夕陽を見つめ、遠く煙る半島や島々を眺めて過ごす。

夏には、ここで盆の精霊送りの火を焚き、集落の人たちが供え物などを焼く。寺の尼僧と小僧が読経する。巖は、その中学一年生の小坊主たちをこっそり連れていって泳がせたこともある。普段規律、規律で縛られている二人はパンツとフルチンでキャッキャッと笑って楽しんでいた。水泳に絶対の自信のある巖は用意周到、彼らとつかず離れずのところで泳ぎながら注意をおこたらなかったが、もちろん許されることではない。海を見つめているうちに、巖の身内の中の血が彼らに海の楽しさを教えてやりたいと願いはじめたのだ。

海で楽しむことを知った二人の懇願で、次は清水港の海水浴場にも連れていった。今度は老師とかけ合い正式な許可を得、公認の海水浴場ゆきだった。炊事のオバサンの持たせてくれた握り飯を頬ばりながら、やっぱり海はいい、とつくづく思った。

ペギー葉山のひとり息子が体験入寺でやってきたことがあった。静岡市に住むイトコの紹介だった。少しばかり内閉的なところがある。鍛えてやってほしいというのだ。軽い作業をさせた。背のひょろりとした細い少年は、きっとこんな汚れ作業ははじめての体験だったのだろう。奇声歓声をあげながら、それでもどうにか半日以上を過ごした。夕方、海辺の水際で遊ばせた。足だけ水につかり波しぶきを浴びては燥いでいた。夜は五右衛門風呂に入れて痩せた背中を流してやった。一日や二日の体験入寺でどうにかなるものではないけれど、温室育ちの少年の心に何か残ればと念じた。後日ペギー葉山から礼の菓子が届き、このことはラジオで彼女が語っていたと人から聞いた。

少年といえばカン坊も忘れ得ぬ子だ、と巖は書いている。禅寺にはいろいろな人がやってくる。母親は水商売、父親はヤクザさんとかで、結局祖母の手によって育てられた。妹と共に施設に入っていた時期もあった。反抗的で食事など手摑みでする。寺を逃げ出したことも何度かある。最初のときは檀家の納屋で寝ていた。万引きをして捕ったとき、巖は和尚に頼まれてもらい下げにいった。不登校気味の彼を自転車の後に乗せて学校まで通っているうちに少しずつなついてきた。三日間も寺に帰らなかったこともある。さすがの和尚も心配した。だが、巖は彼との日常の会話から勘を働かせて友だちの家とか百貨店、ゲームセンターなどを廻って、彼が立ち寄ったら連絡をくれるように頼んでおいた。案の定、ゲームセンターの兄ちゃんから電話がきて早速迎えにいった。狩野川の大橋の下や公園の建物で寝泊りしていたんだと屈託なく話す。五右衛門風呂に入れて蚤虱のたかっていそうな頭を強引に洗ってやっているうちに甘えてくるようになった。

虫や小動物が好きで、巣から落ちたムクドリを拾ってきて、巖の部屋で育てたこともある。しかし巖以外の人にはやっぱり心を開かず反抗的で、結局寺から追放されてしまった。だが、それからも裏から部屋へこっそりやってきて遊んでいったり食事をしていったりしていた。

色の黒い痩せた男もやってきた。四十歳近い紀州の人だ。大阪の工業高校で絵を画き詩を書いていたという。失意のうちに三重の禅寺で過ごしていたが、そこの住職の紹介でやってきた。巖と一緒になってよく作業し、そして飲んだ。雲水さんもいて三人で酒を肴に人生とは、仏教とは、と盛んに話し合い、ついに夜中声高になって老師に叱られた。

やがて彼は造園業の親方に弟子入りし、そのかたわらアジア各地で学校作りや井戸掘りを援助、ネパールの女性と結婚した。巖は結婚式に出たしその後も付き合いがある。

たった一年半の沼津の生活だったが充実していた。しかし、このままずっとここにいるわけにはいかない、と東京の頃からずっと飼って可愛がっていたヤマガラの屍を、海辺の松林に埋めながら考えた。窓をほんの少し開けていた不注意で、猫にやられてあっけなく死んでしまった。千本松原の一隅に埋葬して丸めの石をその上に置いた。沖に目をやると絶えることなく寄せてくる蒼黒いうねり、波頭を白々と輝かせて帰ってゆく。風に乗ってくる潮の匂いが気持ちよい。ああ、この海の水は大分の海にも通じているんだな、と珍しく感傷的になった。

第4章　臼杵・津久見・佐伯への旅

　別府に泊り、翌日宇佐にゆき、臼杵で降りて磨崖仏を見てきたのでフラフラだ。身体が疲れたというのではなく、あちこちで九州の焼酎や酒をつまみ飲みしてきたので足もとが覚束ない。日豊本線津久見駅を降りると吸い寄せられるように港の方に歩いていってしまった。落ちた夕日を惜しむように潮風に吹かれながら一升壜を真ん中に置いて七、八人の男たちが車座になっている。バッグの中から残っていたワンカップ三本を取り出して渡すと躊躇なく輪の中に入れてくれた。海の男たちかなと思ったら、山の男たち、つまり蜜柑狩りで一日を終えた男たちだった。今夜はどこに泊るという話になって、町のホテルはみな休業状態、それならホテル、旅館というほどではないが、保戸島か無垢島の民宿がいい、という。

　いずれにしろ最終便の出発には時間がないというので促されて小走りで渡船場までいった。二人の若者が一緒についてきてすぐに電話をしてくれた。私は名前にひかれて無垢島の方がいいと思った。沖合十六キロほどのところに浮かんでいて人口は約百名、今が五百本ほどの椿の見頃だという。純情な島娘と一人旅の初老の男、何かありそうな気がする、なんて酔いの頭の中でバカな夢をみていたら、もう無垢島ゆきの船はなし、保戸島の民宿には連絡をしておいたと、二人のお兄ちゃんに背中を押されるように六時半の最終便に飛び乗った。保戸島も沖合十四キロほどのところにある。

驚いたことに客は全員島の人だった。みんな元気がいい。全員買い物袋をいっぱい持っている。なかには親戚の人なのか友人なのか、港まで車で運んできてもらって船に乗せる。後で分ったが島の港には家族が迎えにきていて、みんなで家まで運んで帰る。週に一度の日曜日は、店がほとんどない島の人たちは津久見の町に買い物にゆく日というわけだ。

船が島に近づく頃にはすっかり暗くなって潮風で汚れたガラス窓に目を擦りつけてもよく見えない。それでも小さな埠頭に立って吃驚した。島の斜面にはコンクリートの白い建て物がびっしり。全部三階建て。隣家と隣家には立錐の余地がない。はじめはみな連結していてホテルか保養所か大企業の社宅用マンションかなと思ったが、全部個人の住宅だという。

この島は明治末からの遠洋漁業の基地として十年ほど前までは景気がよく立派な家々が建ち並んでいる。壮観だ。だが、今はねえ、このところ景気がよくなくて。それと船が最近大型化してきたためにこの島の小さな港には着けられない、銚子とか釜石に着くようになった。主人たちは陸にいる間そっちにいて帰ってこない。家族が出かけてゆくことの方が多くなって、ここは女と老人と子どもの島だという。

巖さんは最初の勤め先の読書新聞で、一九六三（昭和三八）年暮から約三ヶ月、西アフリカまでマグロ船に乗って出かけていった。その長期の航海での過酷な生活や重い労働は容易に想像出来る。都会のふやけたサラリーマン生活にどっぷりと漬かっている周囲の者は一様に訝った。だが、ここに立ってみると解ったが、氏の気持ちや身体の中では遠洋航海というのは、毎日のようにこの島を眺めることのなかで、身近な感覚の一部としてあったのかもしれない。どこまでも続く海は、彼の気性の一部でもあるのだろう。

島の人口は約二千人弱だという。そうすると五百戸前後というところか。私が嫁にきたときには三千五百人くらいいたんだけどのう、と女主人が言う。お婆さんと二人で民宿を経営している。亭主は漁で死んでしもうた、みんな漁に出て沢山お金を送ってくる、だけどうちはそれがないから、細々とこんなことをしながら食ってるのさ、と屈託なく笑う。白いコンクリートの三階建ての家に建て替えなかったからこそ、島でわずかしか残っていない古い立派な家としてある。桟や襖、天井裏の柱など昔の漁民の古民家を見ることが出来た。

お婆さんの方のご亭主は、この島からただ一人臼杵中学に通ったという。津久見から名門の臼杵の中学まで通う子は一学年に四、五人、頭の中で数えてみたら巖さんとは四歳違いだから、存命なら巖さんのことを覚えていて何か聞けたかな、と残念。島に二つある寺の内の一つ法照寺さんは名字を巖という。翌朝、息をきらしながら急斜面を登って訪ねてみたが留守だった。朝一番の船で出かけていったと近所の人が教えてくれた。

島の人は声が大きい。常に波音が響いているから大きな声で会話しなければいけないからだろう。昨夜、お婆さんにもお嫁さんにももっと話を聞けばよかった。着いてまず一風呂浴びて、一本釣りで獲ったタイとハマチの刺身が盛り沢山にでて、地元の酒だというので飲み過ぎてすぐに寝込んでしまった。関サバ、関アジが出てくるのかとばかり思っていたら、ここではタイかハマチの方が手に入り易いのだという。朝少しだけ散歩に出かけた。島の裏側に廻ってみる。人家は一軒もない。瀬戸内の海へと続く島周辺の海には沢山の一本釣りの舟が出ている。もう遠洋航海には出られなくなった老人と主婦たちの舟なのだそうだ。そしてタイやハマチは彼ら、彼女らの手によって釣り上げられる。

この保戸島という名、どこかで聞いたことがある。旅の間中、思い出せずにずっと脳裡に引っかかっていた。ようやく帰りの飛行機の中で思い出した。それももう羽田空港に着こうとするときである。そうだ、もしかしたら、柳田國男の『海南小記』の出発地点になった島ではなかろうか。家に着いて早速開いてみると、やっぱりそうだった。私はこの幸運を喜んだ。柳田はここで保戸島を保土島と記している。

〈近いうちに土佐の沖へ鮪《しび》釣りに出る支度に、臼杵の町へ買物に出て来た機動船に便乗して、風の寒い午後に保土の島へ渡った。島の郵便局長の家で、このごろ買い求めた船であって、前からの機関手の若い朝鮮人がまだ乗っている。他の乗組はいずれも島の者で、自分などには解らぬくらいの内地語で、何かこの故参《こさん》の青年に対して小言をいっている。しかし、私に向っては極度に懇切なる人々であった。またも来られまい、ゆっくり遊んでお出《い》でるがよい。明日は保土の村の夜乞《よごい》です。小さな神様が御降《おくだ》りになるので、などといってくれる。夜乞とは祭の夜宮《よみや》のことである。祭礼のことを神の御降りと、まだこの島ではいっているのである。

こんなうれしい島にならば、海が荒れて閉じ込められても本望だと、ただちょっと考えみたばかりで、もうはやその通りになっていた。船が着いてみるとわずかな防波堤の蔭には、はやいろいろの小舟が避難している。正面の口からは、波がだぶりだぶりと入って来る。地方《じかた》の山は一円の潮曇りであった。あくる朝も裾を翻えすほどの風が西から吹いていた。対岸の四浦《ようら》の鼻は手の届くほど近いが、この間はいつも潮が悪いのでよく船が覆える。とても今日は渡されぬというから、仕方なしに今一夜とまることにして、それから何遍も村の中をあるいた。全体に平地はちっともない島である。見上げるような傾斜地に、同じような家が境も不分明に建て続けてある。二階と下と別々に、入口を路へつけて、二戸三戸が一棟の中に住んでいる。肥前の鳥栖《とす》から来た薬屋がこんな事をいった。よほど気を付けぬと、同じ家へ二度入って笑われると。家の方でも今一段と不必要な訪問者に対しては、おまえは、先ほども来たではないかというと、本当にそうかと思って慌てて還って行くと村の者もいった。〉

柳田の記述はまだまだ続く。そして面白いのである。わずか三日の逗留でこれだけ島の容貌と生活を攫んでしまう観察眼にただただ驚くばかりである。

〈水は四百足らずの竈《かまど》から、ほとんと唯一つの寺の後の泉を汲んでいる。まことに感謝に価する清水であって、ここでもやはり御大師様水《おだいしさまみず》と名づけ、しかもその由来はもう説明し得ぬようになっている。この霊泉の一つの欠点は、水量が人口に比例して増して来ぬことである。今日の風が雨にならぬようだと、二三日の中には番を附けて、順番で汲ませねばならぬといっていた。……時々は船に桶を乗せて、四浦へ汲みに行くそうである。〉

等々、柳田の観察はまだまだ続くのだが。

柳田は巖さんにとってどんな存在なのだろう。何度か引越した挙句の奈良の家でも、今の京都の家でも、柳田國男全集は座右の書とでもいうべく、書棚の真ん中を占めていた。もちろん読書新聞時代にも、伝統と現代社時代にも柳田國男の特集は何度か企画された。彼が親しくしていた友人の中には橋川文三、神島二郎、後藤総一郎など一級の柳田研究者がいた。どこかで通底する部分があって、酒の肴に柳田が語られていたことが容易に察せられる。

こんなこともあった。昭和三十年代に入った頃、柳田民俗学の特集を提案して実現した。神島二郎、橋川文三らの文章を集め、巖自身は、インタビュー記事でもできたらいいが、と思いながら成城の柳田邸へ行った。何か話のついでに嶋瑠璃子の名が出た。とたんに「え、ナニ？　君、嶋君のご亭主……そうなの」と柳田翁。

それは彼女が戦争末期、当時の実践女専を卒業して、就職先を二、三当るなか、尊敬する柳田先生の民俗学研究所を志望、しかし給料の点で柳田翁にあこがれながらあきらめざるを得なかったという経緯があったのだ。

「そうですか、嶋君のご亭主ですか」と頷きながら『後狩詞記《のちのかりことばのき》』の復刻本（昭和二六年十月刊）を巖に手渡した。その原本は明治四二年、五十部自費出版の書。

『海南小記』が、やがて『海上の道』へと結実して、わが国における海の文化、海人考察の出発点をなし、『後狩詞記』は『遠野物語』と共に、山の文化、山人考察の重要な本となった。民俗学の記念碑的書であることはいうまでもない。

陸にいて知る街と、海からみる街とは全く違う。フェリーが津久見の港にだんだんと近づいてゆく。小野田セメントという大きな看板と赤と白色の煙突。削りとられて剥き出しになった白い山肌。そして黄色の小さな斑点を浮かべた緑の山肌とははっきりと対し合っている。私がお嫁に来た頃と今とでは山の数が違っている。毎日見ているから驚かないけれど、街の眺めがすっかり変っちまって、まるで別の街みたいだよ、と保戸島の民宿のお嫁さんの言葉を思い出した。

巖さんは東京に出てから故郷に帰るとき、汽車にずっと乗って帰るのではなく、途中大阪や岡山で降りて船に乗り換える。碧色の波を分けて瀬戸内の大小の島々、沿岸の漁村を眺めながら帰るのが好きだった、という。あと三十分、あと二十分、あと十分。ようやく辿り着いた安堵感と熱い思い。同時に目に飛び込んでくる街の象徴として聳える高い煙突と白色と緑色のくっきりと境をなす山々がどう映っただろうか。

フェリーを降りて津久見駅へと歩く。別府や臼杵に比べて、見る処なぞ何もないよ、と昨日降りた時に言われたのを思い出した。北西から南東に走る日豊本線とおよそ直角をなしてメインロードらしき道が走っている。といっても大きな商店があるわけではない。八百屋があって覗いたら、何種類ものミカンが大小、色を競って並んでいる。その内の一つをなんと二十円で買って両の掌で包んでみる。包みきれないほど大きいし、艶やかで橙色に輝いていて匂いもいい。もったいなくて食べる気がしない。

およそ五〇〇メートルほど山側に歩いて左折すると津久見川に出会う。川幅二〇メートルほどもあろうか、それほど大きな川ではない。橋を渡るとすぐに西教寺があった。これが巖さんが育ったお寺なのか。なかなか立派なお寺である。門をくぐると正面すぐに本堂。浄土真宗本願寺派西教寺と書かれ、白い額木には東林精舎と掘り抜かれている。右手の杉や松、槙の枝に守られて巖義円氏の胸像が立っている。津久見町長、同市長、県議会副議長などを歴任、非常に雄弁家でスポーツ特に野球の先達で盛んな津久見の野球は師に負うところ大であり……これらのことを顕彰し、一九六七年五月、大分県知事の名で、これを建てる、とある。この人が巖さんの養父なのか。親子ではないが血が繋がっているから似ているかなと思って見たが、銅像だったからよく分らなかった。

もともと漁師を除けば、ミカン農家が圧倒的だった。そこにセメント工場が出来た。新しい人たちも入ってきた。セメント工場の煤煙が民家の干し物にも、ミカンの葉にも積もるなどのトラブルが頻繁に起っている。オヤジは和尚、両方から相談を受けて、まあ、まあと納めているうちに町長になり、市長になってしまったんだ、と巖さんは言っていた。

ともかく子供のいなかった義円氏は兄弟の子を養子にした。本来ならその子はここの寺の住職になっている筈だが、東京の大学に行ったまま帰ってこなかった。寺は新しく養女をもらい、その人に婿をとった、その人が現在の住職となっている。大黒さんは義理の妹ということになるのだが、直接の血の繋がりはない。

本堂に向って左手には親鸞聖人像があって鐘楼、庫裡がある。後に廻ると、川幅一〇メートルほどの小さな川が流れてきていて、すぐ先で今渡ってきた津久見川に合流している。この川の名を彦の内川という。彦は日子、あるいは海幸彦を連想させる。今は水量が少なく、今日も四、五人の子どもが網を持って魚を追い廻して遊んでいるが、昔はもっと水量が多かったという。巖さんは学校から帰るとカバンを放り出し唐芋などを口に頬張ったまま川に走って飛び込んだ。中学生の頃になると流れに乗って海までゆき、波のうねりに溶けこんで遊んだ。もう泳ぎがうまい、なんて次元ではない。まるで河童だ。海童なんて言葉があるのだろうか。山童はある。地方によっては山童と河童は同じで、春になるとぞろぞろと集団で山から川に移ってきて、秋になるとまた山に帰ってゆくのだそうだ。キュウリが好物で相撲が好きだ。そういえば巖さんは相撲をこよなく愛している。キュウリが好きだったかは確認していないが、もしかしたらこの種に属するのかもしれない。

というのも人はみな、巖さんのことを怪物という。最近では、八十歳を越えてもなお衰えを知らない、その酒量と雄弁さをさしている。巖さんは年に二、三度上京する。昼間のうちは、二、三人を呼び出しては旧交を暖める。必ず酒が介在する。最後は新宿ゴールデン街、ナベサンに向うことが近年のコースである。たいていは二時三時、朝方までということも稀ではない。氏より年少の相棒たちは、たいてい舌を巻き、ただただそのバイタリティに驚嘆するだけである。そして、彼は人間じゃないよ、怪物だよ、と秘かに呟き合う。

こんなメモを見つけたことがある。〈故郷の湾で、雨の日によく泳いだ。そんなときは、たいがい一人だ。絶え間なく頭から雨をあびながら、一面チリメンじわの立つ海を泳ぎつづけていると、天地の間に漂う自分に万有と融け合う親和力の満ちてくるのを覚えた。親和力というのは化学の言葉でもあるらしいが、万物の成り立っている元素と同じ「木火土金水」で出来ているこの人間が、「自然」と「化合」できないはずがないと思ってきたが、こういう個人的なことをあまり言うと神秘主義めいてくるが〉と、これは、河童のメモではない。巖氏が雑誌に書いた、あとがきの一部である。

その彦の内川沿い、つまり寺の裏手を廻ると幼稚園があって、白蓮幼児園とある。西教寺の経営だろう。万一巖さんが寺を継いでいたら幼稚園児の前でどんな顔をしているのかを想像して、思わず一人笑いをしてしまった。ぐるりと一周して一キロメートルほど歩くと、大友宗麟公園に出た。

波をうっている小さな山、山、山。その一つの麓のこんもりとした杉林の中で大友宗麟が眠っている。一五六七（天正一三）年、五十八歳で人生を終え、仏式の墓に埋葬されていた。が、今はクルスとDON FRANCISCO OTOMO SORINと刻まれたシンプルな墓になっている。一九七七（昭和五二）年、磯崎新のデザインによるものだという。桜の名所だよ、と聞いてきたが、思ったほどの数ではない。東京ではもう開花宣言が出されていたから、暖かい九州では満開かと思ってきたら、まだ三分、四分咲きという程度。しかし、そのかわり山の至る所で太陽の光に映えて鮮かに輝いているミカンがいっぱいで、こっちの方が九州に来たなあ、という感じがいっぱいでいい。

あちこちでミカンを収穫している。たいてい夫婦で、箱や小型車に山となっている。

「ごせいが出ますのう」

通じるかどうか、そんな言葉をかけてみた。すると、

「なんの、なんの」

と、これも、私にそう聞えただけで、実際には何と言ったのか、風の強く吹きつける音もあって分らない。ともかく、よいしょっと腰を伸ばして笑いながら大きなミカンを二つほど投げてく

れた。うまくキャッチ出来た。このときほど中学、高校で野球をやっていてよかったと思ったことはない。もしせっかくのボールを落として、のこのこ拾ってでもいたら絵にならない。宗麟の墓と若夫婦の作業を交互に見ながら、ベンチに坐って、そのうちの一つを頬張った。なるべく大仰な仕草でそのおいしさを表わした。なぜなら、老夫婦が作業の合間、合間にちらっちらっとこちらを見るからである。きっと、この遠来の旅人が、故郷を去って後を継がない息子が、ひょっこり帰ってきた、そんな姿とだぶって見えているのではないか、と勝手に想像したからだ。

昨日、急ぎ足で廻ってきた臼杵は磨崖仏で有名だが、宗麟なくしては語れない臼杵城があった。大分から移ってきた宗麟の築城だ。現在は地続きだが、当時は小島だったという。ポルトガルなどと交易し、南蛮貿易の港として繁栄した。武家屋敷が沢山残っていたが、同時に西欧を範にした学問が盛んだったから、どことなく品がある。その雰囲気を来る途中で読んできた、赤瀬川隼の小説『王国燃ゆ 小説大友宗麟』のあとがきが、よく伝えてくれている。

〈大友宗麟の名は、もちろんそのころから「郷土の英雄」としておそわっていた。ところがその後私が大分を離れ、戦国武将や歴史上の人物についての史伝や小説をアトランダムに読み始めるうちに、宗麟という人物の影が薄くなっていった。私の読書の杜撰さもあるが、英雄豪傑伝にはまず登場しないのである。

そのうちに、江戸後期から幕末にかけて豊後に輩出した学者たちに興味を抱くようになった。三浦梅園――長崎に旅した以外は西欧との接触はないが、自然の条理や法則性の思索を通して反観合一という弁証法的思想を展開した哲学者。帆足万里――物理学など西欧の自然科学をとりいれて『窮理通』という自然哲学の書を著した学者。広瀬淡窓――私塾『咸宜園』を興し、高野長英や大村益次郎など幕末の俊秀を育てた儒者。前野良沢――杉田玄白とともに『解体新書』を訳出した蘭学・西洋医学の先駆者。田能村竹田――江戸後期の代表的な文人南画家。そして、福沢諭吉――。

これらの人物の先進性を思い描くうちに、私はどうしても、彼らが生きたほぼ二百年前にこのくにの領主であった大友宗麟に考えが及んだ。両者を無理に結びつけようとすることは避けたい。しかし、豊後の風土と、そこではぐくまれた人びとの気質は、水面下で脈々とつながっていたのではないだろうか。

戦国時代に生きた宗麟と、徳川末期の学者たちに、一つだけ無理なく共通に浮かび上がってくるものは、西欧の科学を積極的にブレンドする精神である。宗麟の場合は、科学に先立ってキリスト教という巨大な思想が彼を圧倒した。そして、彼らはひとしく、先人のいない孤独なたたかいを、それぞれに続けたことであろう〉。

また日豊本線に乗って南下、佐伯へ向う。特急で三十分。窓外の風景はずっと海を映している。別府湾、津久見湾、佐伯湾と名は変ってもずっと海は続いている。佐伯の街を見て、佐伯城跡の山を登って帰路についた。佐伯のことはまた後で書く。

列車はこのまま乗っていれば宮崎を経て鹿児島まで行く。向き合った老婆は鹿児島までゆくのだという。梅干しの入った手づくりのおにぎりをくれた。お返しに今朝方もらったミカンをあげた。話がどこでどうなったのか、歌手の森進一に及んだ。森進一は鹿児島出身で、お婆さんは同じ町内に住んでいたという。お父さんがいなくてね、お母さんが女手一人で森進一と妹さんたちを育てあげた。身体が弱くてね、貧しくって、ずいぶんいじめられたんだよ。大阪に出て板前に出て見習いになって、それもうまくいかなくって。誰々と出会ったものが神様の思しめし、立派な歌手になった。誰々というのがよく聞きとれない。作詞家か作曲家か、それともスポンサーのような人かもしれない。

ところが、悪い女の人がやってきて、お母さんの人のよさに付け込み、自分は売れない頃の息子さんの面倒をみ、結婚を約束していた、といって一緒に住みはじめた。それを週刊誌が書きたてる。お母さんは息子の出世街道に負担をかけて申し訳ないと自殺しちゃったんだよ、とお婆さんもいつしか涙声になって説明してくれた。だから、森進一が、おふくろさんよ、おふくろさんよ、って歌うときには心の底から歌っているから、人を感動させるのだそうだ。

列車の中に若者の姿が見られない。津久見の街でも少なかった。ミカン、ポンカンというのだそうだが、それをくれた老爺といい、巖さんとほぼ同じ年齢の人たちだ。昔の九州はかくあったような旅をした。

別れ際、皺くちゃな手で握手して放さない老婆に、私は「おふくろさんよ」という歌は歌えないけど、「港町ブルース」は歌えるから、歌ってやった。特に五番と六番は喉に力を入れ、声を震わせた。

〽呼んでとどかぬ 人の名を こぼれた酒と指で書く 海に涙の ああ愚痴ばかり 港 別府 長崎 枕崎。女心の残り火は 燃えて身をやく桜島 ここは鹿児島 旅路の果てか 港 港町ブルースよ、と。

そういえば、巖さんは旧制高校の三年間を鹿児島で過ごしたのだ。

鹿児島での巖の学生生活は柔道一色に塗られていたといってもいい。臼杵中学の五年を卒業して、旧制七高に入学したのは昭和も十七年、十七歳、寮生活に入る。もちろん全員男子である。旧制高校特有のバンカラの青春生活だった。はじめて薩摩焼酎の味も知り、わずかに残っていた自由の空気の中で、寮祭やボートレースや街中で気勢を上げもした。しかしすでに戦争は深みへはまりはじめていた。半年の繰り上げ卒業だったので実質は二年半、あっという間に過ぎ去ってしまった。

その中で、後輩たちを訪ねてきた四元義隆の姿が印象深く残った。小柄な身体が大きく見えた。錦江湾岸の団子屋に連れていって、全員に両棒《ジャンボ》と呼ぶ蜜をたっぷりかけた串刺しの大きな団子を食べさせてくれた。みな、この大先輩の前でもくもくと食べるだけでこの人が何を言ったかすべては覚えていない。が、このままでは日本は駄目になる、東條は排除しなければいけない、と言っていたことだけは驚きを以って記憶に残った。戦後になって知ったのだが、当時、東京ではいくつかの東條暗殺計画がひそかに進められていたのだった。

柔道の全国大会は自粛されていたので比較することは出来ないが、一人だけ図抜けて強かった者がいた。もし全国大会があったら、かなりの力を発揮したかもしれない。I氏である。そのI氏と同級のH氏に昨年夏、巖は東京駅近くのホテルで再会を果たした。六十一年ぶりである。二人とも巖の一年後輩にあたる。互いに認め合うまでにしばらく時間がかかった。ビールで乾杯したが、I氏は辞退し紅茶にした。一度巖さんに会いたかった、よかった、よかった、と何度も呟いて、かつての豪腕、巨きな身体を丸めて喜んだ。四十五年三月、博多から出征し中国山西省に駐屯した。しばしば近くを流れる黄河の水を飲んだ。隊のほとんどの者が体調の不良を訴えた。死者も出た。I氏は戦後、京大を卒業し、世界を股にかけ商社マンとして活動したが、彼もまた原因不明の病には常に悩まされ続けた。年齢とともにその度合は増し、今では夕方になると毎日熱が出るという。

H氏は、I氏からわずか数日遅れて出征した。出身が三重県だったから、その分幸いした。出征兵は地元の連隊に帰属し、そこから出発する。博多の軍需工場に動員されていた氏は、一旦故郷に帰り、親兄弟、地元の人に見送られて出発した。ところが西へ向かっていた列車が広島を過ぎたところで停車、逆走し出した。理由は告げられず京都駅で降ろされた。それから終戦まで古刹の東福寺に宿営し、毎日ただ訓練のみに明け暮れたという。戦後は東京大学に入学、大手の銀行マンとなって、そのグループの専務の位置まで昇りつめた。

巖さんが合宿を出るときにね、私は部屋に呼ばれましてね、お別れの記念にといって一冊の歌集をいただきました。斎藤茂吉の『暁紅』という、岩波書店から出ていた歌集です。大事にしていたつもりですが、戦争やその後の相次ぐ引っ越しでなくしてしまいました、と氏は残念がる。

彼らより一学年上の巖は十九年九月東京大学に入る。しかし十二月下旬には召集を告げる赤紙が送られてきて、慌ただしく帰郷、翌年正月早々に都城の連隊に入隊した。しかし南の島に行くのでもなし、大陸へ向かうのでもなく、ただ阿蘇山の麓で連日米軍進攻に備えての陣地構築の労働に明け暮れたまま終戦を迎えた。約九ケ月の軍隊暮しの中で二十歳の巖は資質なのか、激しくなってゆく戦況の中で、死の想念とはほど遠く、しごくのんびりと構えていた。

ちなみに私の父のことを書く。明治三十八年生まれの四十歳。絵画きを断念して、中学の代用教員になっていた父は、十九年冬、故郷近くの松本市に帰り、そこの連隊から出征した。ほとんど女性と老人ばかりになっていた学校の教員が兵隊にとられるようでは、もう敗戦は見えている。二人の兄と二歳の私を抱いて見送りにきた妻の顔を見ながら、そう思ったという。しかし、やはり熊本で足止めにあい、阿蘇の山麓で防空壕を掘ったり行軍を繰り返している内に長崎に爆弾が落ちた。原子爆弾とは知らず、工場の爆発か何かだろうと噂し合っていたという。

〈一年半のあいだ死支度をしたあげく、八月十三日の夕方防備隊の司令官から特攻戦発動の信令を受けとり、遂に最期の日が来たことを知らされて、こころにもからだにも死装束をまとったが、発進の合図がいっこうにかからぬまま足ぶみしていたから、近づいて来た死は、はたとその歩みを止めた。〉

〈今度こそたしかと思われた死が、つい目の近くに来たらしいのに、現にその無慈悲な肉と血の散乱の中にまきこまれないことは不思議な寂しさもともなった…。〉

〈まだ見ぬ死に向っていたつめたい緊張に代って、はぐらかされた不満と不眠のあとの倦怠が私をとらえた。〉

三つの引用文は、島尾敏雄の『出発は遂に訪れず』からのものだ。島尾二十七歳、奄美の加計呂麻島の前線基地に配属になっていた。

終戦間際の一、二年、等しく同じ時間が流れていたのに、置かれた場所や条件、偶然などが重なりあって、その後のそれぞれの運命が大きく変わったことに、ただ不思議を覚えずにはいられない。

第5章　アフリカの海へ

また海の記述からはじまる。

沼津の松蔭寺の裏手まで打ち寄せていた駿河湾の海。学校から帰るや否や、すぐ自宅の傍らを流れる川に飛び込んで泳いでゆき、何時間も何時間も浮かんで遊んだ津久見湾の海。そして七高時代に何度も足を運んで自分の鏡のようにして見つめた錦江湾の海。常に巖には海が纏い付いている。巖の強い気性は海の男のものだ、と思う。陸に上ってしまった戸惑いが含羞となり、苛立ちが怒りになり、ときには強引さにも繋がる。

一九六三年十二月から翌年三月まで、神奈川県横須賀市の久里浜港から出発して三ヶ月の間、巖はマグロ漁船に乗って南シナ海からインド洋、ケープタウン、大西洋の航海の旅をしている。その揚句ガーナに上陸、ナイジェリア、カナリア諸島、ポルトガル、トルコを廻って帰国した。

その旅の顚末は、当時平凡社のドル箱的存在だった雑誌「太陽」の64年9月号に「アフリカの海に魚群を追う」と題したレポートと「日本読書新聞」に一回四枚前後で同年2月3日号から、ほぼ毎週54回に亘って連載している。雑誌「太陽」の方の肩書きは、本誌特派員となっている。当時の編集長だった谷川健一から、マグロ漁船に乗ってみないか、そしてそのレポートを書いてみないか、と話を持ちかけられたものであり、巖は二つ返事でその場でOKした。

すでに12月1日付で「読書新聞」編集長から事務局長になることが決定していた。社団法人の事務局長といえば、民間会社でいう代表取締役社長といった位置に相当するのだから、すべてのことの決定権を持ったことになる。しかし、新任したばかりの社長が三ヶ月も四ヶ月も、会社の仕事とは関係のない旅に出て、空っぽにするなんて前代未聞の行為に違いない。しかも何百人、何千人の社員がいて、ある程度システムが出来ていて、潤沢な利益を出している会社なら別である。五八年の分裂で僅か七人で発行し続けて乗り切り、この頃には二十人ほどとなっていたとはいえ、常に倒産とは背中合わせの経営である。当然非難ごうごうだったことは想像に難くない。

だが、谷川の一声は、巖の中の野性の血を呼び起し、海人の身体に燃え上った火は誰も消すことは出来ない。早速、翌日から鈍りかけた身体を鍛え直さなければいけないと、かつて旧制高校時代に使った柔道着を引っぱり出し町の柔道場に通いはじめた。一練習したあと、丸めた柔道着を黒帯で縛って肩にかけ、下駄ばき、腰に手拭いを下げて歩く。

〈「え？　四〇〇トンの漁船？　大丈夫なのかね」

大丈夫かどうかは私にもわからなかった。けれども私は子供の時以来、東九州の郷里の海から50トンにも満たぬ小型船で〈南洋〉方面まで出漁していた多くの漁師たち〈保戸島ン衆〉を知っていた。

そして、遠洋は全く知らないとしても、私の内には、いつでも〈海〉が動いていた。山の魚見台からホラ貝の響きにも似た声が、がけ下の浜べに伝わる。すると、カライモ畑の男や女は、いっせいにクワやカマをほうりだして、わらわらと走るのだ。砕ける波の中に舟が押し出される。潮の色を変えた魚群に向かって何丁もの櫓を押して行く。……

昔のおぼろな記憶の中で、このような親しかった海の光景は、事にふれては、あざやかによみがえっていた。インド洋や大西洋は、少々遠いだけのことではないか。〉

と「アフリカの海に魚群を追う」のレポートは書き出している。

保戸島については前章で書いた。偶然勧められて泊ったのだが、その風景と宿のお婆さんとお嫁さんの情の熱さなど、よい目を見させてもらった。そして、昔から遠洋マグロ漁の拠点となっていた島だということも知った。そして、その人々を、保戸島ン衆、と呼んでいたことは今、知った。

巖さんは山伏のように武骨だけど名文家だよ、と言っていた谷川健一さんの言葉を思い出す。短い文章を書かせたら、天下一品だね、と「伝統と現代」の編集と営業をしていて、先頃『死刑はこうして執行される』を著した村野薫さんが言っていたことも思い出した。巖さんの表現もいいが、何という風景だろう。この四、五十年前に突然のように切断されてしまったが、それ以前は、古代から連綿と続いてきた日本の原風景を目にしているような気になる。まるで青木繁の絵を見ているようだ。

どこ迄も広がる勇壮な海に、身体を張って出かけてゆく保戸の島ン衆を少年・ヒロは羨望の眼差しで見つめていたに違いない。

谷川の話は一記者として乗船し、マグロ漁のレポートをするだけでよかった。作業の邪魔にさえならなければよいので、何も巖が手伝う必要のないものだった。しかし、巖の脳裡ではてんから、そんな説明は受けつけられていない。

自分も漁師たちの一員になり切り、一緒になって汗水を流し、激しいヨコ揺れタテ揺れの船上で血まなこになって巨大な獲物と格闘する。悦びの酒を浴びるほど飲む。苦しみも楽しみも、同じに味わってみるというものであった。だからこそ五〇〇トンに満たない船を選んだのだ。

はじめ彼に用意された船は、一五〇〇トンの第35黒潮丸だった。しかし、彼はそれでは大き過ぎると、次便の四七九トンの第38黒潮丸を希望した。もう少し小さい船の方がいいと思ったが、それを逃がすと当分は便船がないというので仕方なく乗り込んだ。このくらいの船なら少しは海を身近に感じることが出来る、という考えだ。体力には自信があるという巖の不敵な構えだ。

ちなみに、私の父は海のない長野県で生れ育ち、私自身も箱根の山の中で育ったために海に接する機会はほとんどなかった。そのせいか海の魅力を何も知らないどころか、絶えず打ち寄せる白波、去っては消えてゆく沖の水平線を見つめていると、何だか自分の身体が底深く引きずり込まれてゆくようで息苦しくなり、恐さだけが泡立ってくる。だから、以下のほとんどの記述は、雑誌「太陽」の巖のレポートを藁でも摑もうとする者の心境で要約、写してゆく。

そんな私を巖さんは軟弱なと苦笑するに違いない。そこで、こんな弁護人に登場してもらう。種田山頭火、生涯、酒と漂泊に生きた、この俳人を私は愛する。今の山口県防府市、海沿いの町で生まれ育った彼は、東九州や山陰、瀬戸内の海に面する道を何度も歩き旅した。が、海を恐れ、海を愛せないことを告白している。更に付け加えれば、彼の身体の中にはかつて瀬戸内の海を自在に跋扈した海賊・村上水軍の血が流れているというのに。と、これは余談である。

さて、年末の12月7日。午前11時、白く化粧し直された第38黒潮丸は三浦半島久里浜港から出航した。紙テープが揺れ、人々の別れをおしむ声が飛び交う。殊勝にも〈ほたるの光〉が流れ、つづいて〈軍艦マーチ〉だ。乗っているのは二年間の契約をした34人とプラス1。プラス1はもちろん巖だ。

12日にはルソン島と台湾との間、バシー海峡にさしかかる。そして南シナ海へ。うねりが大きくなりはじめた。……波はメーンデッキのサイドからも打ち上げている。船は頭を大波の谷底に突っ込み、次いで、あきれるばかりに持ち上げられる。船尾には丘陵を思わせる黒いうねりが、次々と追いすがってくる。それは、まるく、ふくれにふくれ、船を包み込まんばかりに、ゆっくりと雲のよう立ち上がるなり、頂上一帯をあざやかな浅緑に変えつつ、やがて白くあわ立って、すそ野をひろげて退いて行くのだ。

突如、船内警報のごとき音響。舵輪をにぎるワッチ（ウォッチ＝当直）らが「おっ」と聞き耳を立てる。何事か。すると数瞬ののち「歌って踊ってスタミナつけて、イェイ、イェイ、イェイ」とアッパーブリッジの拡声器が流行歌を怒鳴り出した。

23日には赤道を通過。インド洋は終日船影を見ず、昼は積乱雲のかがやき、夜は稲妻のひらめき、ちりめんじわのナギ。あるいは油を流したような日々。気温は30〜31度を示し、どこか薄桃をにじませた雲の影が映って、船が波を分ける音もひっそりとしていた。月のさえた夜などには湖水を渡るとしか思えなかった。

と、海の示す全く違う二つの顔を記し、更に、あの濃厚な明るみの下には、全く未知の静穏な世界がひろがっているかも知れない。朝日がそこから必ず出現する東方の海の隠れ里を、あこがれ信じた古い時代もあったが、同じく海を見て暮らす者には、また西方浄土の思想も似つかわしいかと思う、と書いている。

1月1日 南回帰線を通過。雑煮が出る。ラーメンどんぶりに、おそろしく巨大な餅三つ、カシワ、油揚げ、ヤツガシラ、野菜。ネギのないのが残念だった。

昼、胴の間（へさきとブリッジの間の甲板）で正月の酒盛りとなる。ワッチ以外は全員がそろう。甲板に敷きつめた白いカンバスの上にごちそうが並んだ。タイの塩焼きとエビフライ、カマボコとユデ卵、ヨウカンとキントン、鶏の骨つき唐揚げ、以上が一皿に盛られ、別皿に焼きリンゴとラクガン。それから赤飯。清酒二合ビンとサイダー。一升ビンも何本か持ち出されて話がはずむ。赤道から南下して、夕方はだいぶ涼しくなっている。

みんな素裸だ。雑誌「太陽」には、ふんどし一丁の巖の写真が載っている。ボディービルダーか格闘技の選手のような引き締まった見事な筋肉だ。どう見ても雑誌や新聞の記者や出版社の人間とは思えない。

巖は西アフリカのガーナ上陸のため途中で下船となるが、二年も操業航海を続けなければならない乗組員たちにとっては、まだほんの序の口に過ぎない。出発してから、ずっと準備の作業と、あとは酒盛り。作業とは、ブラン、積山、ビン玉の網、ボンデン、釣元ワイヤ等の作製、釣（針）つけ、ラインホーラー、コンベアー、浮標灯の整備、サイドローラー、作業灯、探照灯の取り付け、さまざまな大工仕事と溶接作業などだ。

この船はマグロ延縄《はえなわ》船だ。延縄とは、長い横縄（幹縄）から何本もの釣針のついた枝縄《ブラン》を縄のれんのようにぶらさげて、その先の釣針に魚がかかるという漁法だ。餌は今は擬似餌などを使うこともあるが、たいていはサンマだ。枝縄の長さは約20ｍから30ｍ。この枝縄を50ｍ間隔で幹縄に繋いでおく。それを三百も四百も投げ入れる。投縄は船の大きさや狙うマグロの種類によって違うが、第38黒潮丸では縄四五〇枚、幹縄全長一三五キロメートル、枝縄二二五〇本、つまり餌のサンマ二二五〇尾。これらを五時間も六時間もかかって投縄し続けてから数時間たち、こんどは揚縄の作業にかかる。この間の数時間を男たちは眠る。ここから男たちの身体を張った戦場となる。久里浜港をたってから55日目、はじめての投縄である。場所はケープタウン沖を廻って大西洋に入っている。あと一昼夜も走ればブラジルという地点から針路を東北東に変え、西アフリカの巨大なコブの南、ギニア湾の漁場を目ざしている。

午後一時、揚縄開始。たぐり寄せた縄はローラーによって巻き揚げられてゆく。マグロがかかっていると、先引きが、〝ジョーバイ〟とか〝銭や〟とか〝来たぞ！お客が〟などと叫ぶ。甲板の上では跳ね上がるマグロの頭に容赦なく、手カギ、ナタ、出刃が打ち込まれる。毒々しい血を噴き出し巨体が暴れ廻る。ナタで尾羽を切り落とされ、しばらく血抜きされ、内臓がとり出され水洗いされて冷凍庫に入れられる。零下60度の冷凍庫では色、味、鮮度は二年間変わらないという。一緒に混って巻き揚げられてきた魚の中にはサメがいる。

執念深い。跳ねて暴れているやつに機敏に乗りかかって、出刃で頸部を抉るようにして切り裂くが、なお人間をふり跳ばすほど暴れ続ける。ヒレを全部切り取って死体は海にレッコ（レッツ・ゴー）する。サメのヒレは乗組員のホマチ（へそくり）として貴重なものだ。航海中に干し上げて中華料理店に売る。

甲板はまるで修羅場だ。散水機から流され続ける海水はいくら撒いても、次から次へと噴出してくる毒々しい血を洗い流すことは出来ない。こんなときの巖の描写は生き生きとしている。巖自身が生き生きとしていたに違いない。もう何年も前からの船乗りのごとく、サメと格闘し、太陽の光をうけて緑青色にさえ光っている血しぶきを浴びて、全身を火照らしている巖を想像することは難くない。

このときの漁獲は一〇四尾、四・七トン。15時間に亘る死闘である。ちなみに、その後の漁獲は、第五回目が一三一尾、六・二トン。第七回目が六九尾、三トン。第十二回目が一一四尾、五トン。第十八回目が一三八尾、六・五トン。第二十二回目が一一二尾、五・五トンなどと記している。釣確率は六分程度でも平均五トン近くだったようだ。今の大西洋漁場なら上の部類、なにしろ一九五五年の初試験操業から漁獲数は半分にも三分の一にも減っていることを付け加えている。

スーパーや町の魚屋で見かけるマグロはほとんどメバチマグロかキハダマグロである。最も高価なマグロといえば、北半球に多く分布するクロマグロ（ホンマグロ）と、南半球のミナミマグロ（市場関係者はインドマグロと呼んでいる）である。どちらも摂氏10度前後の冷たい海に生息し、全身に脂がまわっている。その分、トロが多く取れるので魚価が高く、高級な料亭や寿司屋にしか出回らず、庶民の口にはなかなか入らない。メバチマグロはミナミマグロの半値以下だが、その分、数は釣れる、だからといって決してまずいわけではなく、素人にはなかなか見分けがつかない。マグロの缶詰シーチキンは、白身の多いビンナガマグロで別名ビンチョウ、漁師はトンボと呼んでいる、と『まぐろ土佐船』（小学館）の著者の斎藤健次は書いている。

第38黒潮丸は、一日走るには20万円かかる。34人分の給料と食料、重油、漁具、船具、餌代などだ。だから月六〇〇万、年七二〇〇万円。この航海は二年だから最低は一億四四〇〇万円という勘定になる。だから最低でも、これを上まわる漁獲を得なければならない。さらにこの船の建造費は約一億円。それにマグロ漁認可の権利金がトン当り四〇万。これは一九六三年のこと。四〇余年たった現在・物価が何倍になっているのかものによって差があるが、大雑把に一〇倍してみれば当らずとも遠からず、参考ぐらいにはなると思う。もっとも、こんな数字は巖の大冒険とは関係ないが。

ともかく一旦、操業がはじまったら不眠不休である。一日中獲物との格闘。その合い間に食物を胃袋の中にぶち込む。暇を見つけてはただ睡眠を貪る、ということになる。

準備期間中のように車座になって酒を汲み交わし、歌をうたったり冗談を言って燥いだりしているどころではない。それでも酒の量だけは減らない。短い時間に深い眠りをとろうとするためか、あるいはささくれだってきた心を鎮めるためにか、ともかく海の男たちには、酒、酒、酒である。

その間に無線で情報が入ってくる。昨日船員一名不明のため捜索中。付近各船発見または手がかりがあれば連絡ねがいます。ガーガー、ピーピー。特徴は年齢二〇歳。丸顔。中肉中背、寝巻着用と思われる。転落地点はS23度40分、W38度30分付近。レシフェ沖では、三崎の船の一機（一等機関士）が操業中に転落。縄のモツレに足をからまれたらしい。一旦浮かんだところへ、三人が救助にとび込んだが、再び浮かんでそれきりだという。

昔は延縄とは呼ばずに後家縄といわれていた、という。それほど遭難事故は多かった。板子一枚、下は地獄とよく言われる。

巖は丹念に殆ど全員に話を聞いて記録したのだが、その乗組員たちの履歴やエピソードを、このレポートの中で披露している。そのうちの一つ、徳右衛門の話を再録させてもらう。大西洋からの帰途、南米トリニダート沖で、徳右衛門はしたたかに酒に酔ってトモから小便をしようとした。鎖に寄りかかった時、足がすべって頭から落ちた。舟は12ノット以上出していた。トモで麻雀をしていた連中が、人間が落ちたーっと叫ぶ。とっさにビン玉一〇個ほどが投げこまれた。船が急旋回する探照灯で海を掃くがわからない。なにしろビン玉より小さい人間の頭である。徳右衛門、トクエモーン、トクエモーンと皆が叫び合う。

見つけた。もう沈みかけていた。泳ぐなんてものではない。ただ手が無意識に動いている。一〇〇〇トンの船を、そんな小さな、しかも人間のそばに着けるのは容易ではない。船長が、まだ待て、まだ待て、と少しずつ寄せてゆく。待ちきれずに四、五人が飛び込む。胴に縄をつけて引き上げた。水は思ったほど飲んではいなかった。人工呼吸をしてベッドに。

気がついた時、徳右衛門が何と言ったか。

「オヒヤくれ」

この野郎ってんで、ひっぱたいてイキサツを話すが、本人はまるで知らない。翌日彼は、船長、船頭から炊事のボーイまで、船じゅう詫びを言って歩かされた。以後、彼は皆に頭があがらず〈徳右衛門〉ではなく〈土左衛門〉と呼ばれる身になった、と。

徳右衛門のような幸運は滅多にない。

軍隊経験者の甲板長、まだ新婚早々の男鹿半島の男、巖のみやげ話を写していたら、きりがない。ともかく三ヵ月は過ぎてみれば、あっという間だった。まだまだ一年九ヵ月を船の上で生活を続けなければいけない男たちとの別れがきた。彼らの巖への餞別は、多度津の〈アンサン〉がくれた金比羅さんのお守り、三陸の〈トコヤ〉がくれた黒皮カジキの〝鼻〟骨で作った耳かき、〈アパッチ〉の万年ゴムぞうり、〈木更津の兵長〉の赤い帽子、〈室戸の爺や〉の頑丈な軍手等々である。二五〇〇トンの旭洋丸に転船して、三日走って熱暑の黒人国家ガーナに上陸した。

巖はこのあと日魯漁業の駐在社員とガーナ大学経済学部に属している若い研究員の世話になりながら一〇日間をここで過ごしている。ちょうど着いた翌日が独立記念日だった。七年前（一九五七年）ブラック・アフリカにおける最初の独立国、アフリカの黒い星、ガーナとなったばかりだった。


〈街路をたくさんの人間がぞろぞろ歩いたり群れたりしている。みんな肌の色が黒い。何か面白い見世物などがあるとも見受けなかったが、人々は外向的な顔つきで北緯五度半の陽差しの下を動き回る。

ハダシも多いが、半分以上は頑丈な皮サンダルやゴム草履で、むろん靴をはいたものもいる。原色の大柄な模様のシャツ姿が多いが、あれはトーガというのか、古代ローマ風に片方の肩を出して寛闊にまとう伝統的な衣服もよく見かけた。小学生は半ズボンやスカートにカーキ色や白や水色の半袖シャツを着て、小ざっぱりとしてなかなか可愛い感じである。〉と写している。

もっとも、これは首都アクラの中心街である。少し東の郊外にゆけば漁村である。

〈真っ裸の子供がかけまわり、紋様をほどこしたくり抜き舟が並び、漁村はどこの漁村でも臭いが、ここの狭い通路は特に異臭にみちていた。

そこにカンカン照りの中で額を光らせたハダシの人がいっぱい隠れて、男も女も幼児も、腰をふりふり歩いたり踊ったりして笑いさざめいていた。何かの祭りだったのか、ここでの歩行と舞踏は同一だった。傍の暗い家の中ではすり切れたレコードが単調な音楽を鳴らしている。〉

〈この写真は一応〝見物〟している連中だが、時どき本能的にステップをふんだり腰をひねったり、いつしかまた歩行と舞踏の合一した動作に移って行く。私はこの腹のでかい子の立派な風貌に見入りながら二十年後のガーナを思い描いていた。〉

と、この文章は「読書新聞」に連載されていたものからの引用だが、一回ごとに巖が撮った写真が添えられている。珍しい貴重な映像、風景である。しかし、これらは現在、大きな図書館の縮刷版でしか見ることが出来ない。私の読んでいるものも都立中央図書館でコピーしてもらったもので、写真は真っ黒ではっきりしない、残念。

アクラの北郊外のアチモタは疎林の爽やかで閑静な住宅地である。ヘビ、トカゲ、サソリの楽天地である。そこにガーナ大学があり、彼が世話になった研究員氏のささやかな住居もある。研究員氏の誘いで九〇マイル北方にあるコブリソという小さな村も訪ねた。

〈ジャングルの間の小道に入る。こういう枝道は雨期には滅茶苦茶になるだろう。浅い流れがある。橋はない。車でざぶざぶ渡る。前方に人が沢山見えてきた。シャベルなどを持っている。忽ち車が取巻かれた。歓声が上る。握手、握手、握手。パイプ自慢のおやじがしゃしゃり出てくる。

道ぶしんだった。女は洗面器のようなものに盛られた土をひょいと乗せて行く。頭で物を運ぶやり方は私の郷里でも以前は多く見られた。あれは人種を問わず共通のいい姿勢、悠然たる歩きぶりをもたらすようだ〉、と描写している。

〈老人連が椰子酒をすすめる。蠅がワンワンたかっている壺から汲んでくれる。カタツムリは辞退したが、この爽やかな酒はいたく気に入り、賛美の言葉を口走りつつ大量に飲んだ。

お代りをするごとに皆が実に喜ぶ。私は、この日から西アフリカを去る日まで、毎日、この椰子酒を飲むようになった、のである。〉

酒があれば、食事についての描写もある。

〈ここで我々（私とジョンと運ちゃん。ちなみにジョン氏は日魯漁業駐在員氏のハウスボーイ）はナイジェリアの偉大なボクサー、ディック・タイガーの噂などをしてビールを飲み、大工事の土煙りと轟音をあとにアティポクの騒々しい市場に腰を下ろして飯を食った。ヤム芋を杵でついて作るフフと、山羊肉と川魚やぺぺという香辛料やトマトなどと煮込んだ脂ぎったスープ。店の女が白濁したヴォルタの水をくれる。それで指先を洗い、フフをちぎってスープにつけて頬張る。「これがガーナスタイルだ」と二人がいう。あっさりした辛いスープがよく合ってなかなかうまい。それから道端でパイナップルを買い、山刀のような包丁で切って甘い汁をしたたらせながら食った。〉

とある。

山刀のような包丁を小器用に使い、パイナップルをむき、したたり落ちる汁にかぶりつく巖は、この二、三日前にやってきた旅人ではなく、もう何年も前からガーナに住みついているように見えたに違いない。まだまだエピソードの記述や面白い描写がいっぱいある。「太陽」や「読書新聞」に掲載された文章を合わせれば、四百字原稿で二百枚や三百枚あるのだから、充分に単行本一冊になる。さしずめ小田実の『何でも見てやろう』のアフリカ版として結構読まれたかもしれない。今のように何でも本にする時代ではなかったにしろ、その意志さえあれば当然形になった筈。巖には、そういう執着は不思議に希薄だ。ガーナ紀行の最後に女性への観察を抜き書きしておく。

〈広場で二十歳前後の美人を見かけたのだった。感動した私が、「ああ、彼女」と口ごもりながら何か挨拶を述べようとしたら、近くにいた数人が私に向って、ユーライク？　とにこにこ顔で声を上げげた。頭に桶を戴いた美人はちらとこちらを見て目で笑い、ゆっくりと向うへ歩いて行った。どっと皆がはやす。そうなんだ、彼女はこの村の三美人の一人なんだ、と聞かされた。

美人の基準は別にかけ離れてはいなったのである。やせ骨でも肥りじしでもない均衡のとれた肢体、小動物めいたやや小さめの顔。土を踏む素足の伸びやかな形が今も目に浮かぶ。太陽の国のエロス、ガーナ人の艶やかな黒さ、ウルシ塗りの木彫りのような生き生きした健康さが、そこにはあった。〉

10日間ほどいたガーナを後にして、一時間一〇分飛んでナイジェリアに向った。細長い小さな国、トーゴ、ベナンを飛び越してナイジェリアを目ざしたのには理由がある。首都ラゴスに着いたが、西も東も分らない。ガーナと違ってナイジェリアでは、ずいぶんと金銭の無心に悩まされている。

行く先は北の方向、イバダン市だが、時間と金がどれほどかかる所かも分らない。あたりはやたらと明るく、客待ちタクシーの連中がワイワイ寄ってきて、乗れ乗れとわめく。アクアで会った商社マン氏が書いてくれたアドレスの紙片を見せてタクシーに乗ろうとした瞬間、歌舞伎の悪役のような大男がふっとんできて、その車はダメだ、と巖の荷物をどんどん運んでいってしまう。悪役のような大男に乗せられた車には子分のような助手までいる。彼らのかもし出す雰囲気は腕力沙汰になった場合の戦法を考えさせたほどのものだった、と記している。

今なら異種格闘技の試合で、怪力の巨人プロレスラーを相手にする日本の柔道選手の試合前の緊張を思わせるが、巖はどんな戦法を考えていたのだろうか。しかし、幸いなことにそういう事態にはならなかったようだ。

三時間猛スピードで走って、夕暮れ近く、見渡す限り赤さび色のトタン屋根。牛と人間がいっぱいの町を抜けて、北の郊外にある大学の門にようやく入った。丘あり、林ありの美しい広大な敷地、立派な建物である。フロントで社会学部のプロフェッサー・ヤマグチのハウスを訪ねていると、向こうから東アジア系の女性に違いない人が、赤ん坊を手押車に乗せてやってくる。ミセス・ヤマグチだ、と傍の十三、四歳の女の子が教えてくれた。奥さんは郵便物を取りに偶然来合わせたのだった。

日本にいるとき、まだ大学の助手だった山口昌男は週に一度、文京区水道にあった読書新聞に立ち寄って、何冊かの本を持ち帰ることになっていた。先週持って帰った分の一冊分五〇〇字の無署名の紹介文と引き換えに、一本五〇〇円をもらってゆく。

本当に助ったわ。あの頃、うちお金が本当になかったの。毎日の貴重な生活費だったの。だから読書新聞の稲垣さん、阿藤さん、もちろん巖さんの名前は、夫からいつも聞いていたけど顔は知っていなかったでしょう。いきなりあんな果てに訪ねてこられてびっくりしちゃった。それに夫は帰ってこないし、まだ若かったから、やっぱり怖かったわよ、といつか、山口家へお邪魔したとき、山口夫人は微笑みながら、そのときのことを話してくれた。

どうやら免許を取りたてのプロフェッサーは一〇〇キロメートルほど離れた砂漠か山岳地帯にフィールドワークに出て車にトラブルが発生したらしい。近くに壊れた自動車を修理するところもなく、手間取って、帰りは次の日になってしまったらしい。

オヨという町へ山口氏と行ったときの話が載っている。自転車屋へ行き、一時間一シルで借りた。その店の時計が故障中なので、時間は巖の腕時計でということになった。泥で固めた王宮を方々見て歩くうちに、一人の青年がやってきて、オー、私の友達、と山口氏に何度も呼びかける。

山口氏の方ではどうもはっきりしないらしいが、青年はしきりにトモダチ、フレンドと繰り返す。ともかく案内しようという青年について行く。彼は熱心に種々な店に誘うが、山口氏は無視して顔馴染みの彫り物屋に入る。そこで巖は、天然痘除けの祭事に使う銅鈴などの土産物を買う。

自転車を返し、青年に礼として三シルを渡し、飲み物を飲んでいると、さっきの青年が仏頂面してやってきた。またも議論が始まった。彼はあの三シルが業腹でならなかった。

「私は公認ガイドだ。その仕事を評価してくれないのか」。山口氏は応答する。

「評価したから三シルやったではないか」

「少なすぎる。私はオヨの善良な市民、かつ立派なガイド。それにあんたは私のフレンドだ。フレンドの贈りものとしては一〇シルくらいと思っていたら三シルとはひどい」。

「フレンドに尽して金を要求するなどという習慣を我々はもたぬ。はるばるやってきた客人は、ナイジェリアという国について不愉快な印象をもつだろう。金、金、金、もう沢山だ」。

山口氏は声を荒げた。もちろん、本気だったわけではない。どこの国へ行っても多少の違いはあるが、どこでも変わらない。ましてや四〇年前の新興の国である。

巖はその後、ヘビ、魚、カタツムリ、牛、山羊などの肉。衣料、金具、石鹸。米、野菜、果物、輸入缶詰。伝統的な呪術用の品物、すなわち、猿、犬、山羊、リス、ヘビらしきものの本物の頭や、禿ワシ、コーモリ、ムササビの串ざし等々が並ぶ無数の狭い通り、枝道、店、屋台、地べたの商い、雑踏のアーケードを精力的に歩いた。むろん椰子酒を周囲の者がびっくりするほど飲んで楽しんでいる。ここでも、ほぼ10日ほどの滞在を経てカナリア諸島に向い、数日滞在したあとポルトガルのリスボンに3日間ほどいてトルコに向い、イスタンブールから帰路に着いた。

ともかく、巖にとってのこの海の旅は終った。わずか三ヶ月余の旅だったが、彼の生涯の中でも忘れ得ぬものとなった。海の男としての自分を充分に堪能した。

最後の逗留の地となったイスタンブールでは車をとばして黒海へも行った。

リスボンはかつて大航海時代、荒ぶる海を越えて未知の世界へ挑んだ海の男たちの出発点である。例えばヴァスコ・ダ・ガマ、一四六九年頃〜一五二四年、ポルトガルの英雄的航海者にして探検家。四隻の船を率いてアフリカ南端の喜望峰を廻ってインド洋に入った。インド航路のヨーロッパ人初めての発見者といわれている。ちなみにデュアルテ・ダ・ガマという人もいる。最初のヨーロッパ船として平戸に入り、松浦氏や、豊後の大友氏とも謁し、鹿児島にも何度となく入港している。

またマガリャエンシェ・マゼラン、一四八〇年頃〜一五二一年。船舶五隻を率いてマゼラン海峡などを発見。太平洋を横断してフィリピン群島に達し、土地の民との戦いで死亡。この旅により地球が球体であり、アメリカがアジアから離れた大陸である等々が明らかになった。

もう一人フランシスコ・ザビエル、一五〇六年〜五二年。イグナティウス・ロヨラらとイエズス会を設立。山口では大内義隆、豊後では大友宗麟に謁し、布教に挺身した。

いずれも恐れを知らぬ海の男たちである。リスボン港を歩き廻りワインを味わいながら、故郷の豊後の海まで繋がる白く泡立つ海を眺めた。愁いを含んだアマリア・ロドゲスのファドが流れている。ファドは、ポルトガルの酒場で歌われる民族の魂の唄だ。大航海時代に帰らぬ船乗りたちを待つ女たちの唄に起源するともいわれている。

巖はいまでも、海の唄を好んで口ずさむ。日本の歌謡曲なら、戦後の巷で流行った平野愛子の「港が見える丘」や津村謙「上海帰りのリル」。ファドにも特別な思いを寄せる。日本で数少ないファドの歌手・月田秀子のライヴまで追う。そんなとき、どんな思いが巖の身体の中をかけめぐっているのか誰も想像することは出来ない。

第6章 奈良に移り住む

ここで巖にまつわる海の物語は一旦終る。そして舞台は山の地に移る。といっても高々と聳える峻厳たる山々ではなく、なだらかな歴史のいっぱい詰まった山々に囲まれた古都である。

一年半ほど身を寄せていた沼津の禅寺から奈良に移住してきた。一九八六（昭和六一）年、巖六一歳のときである。春日大社で寺男、神社だから何というのだろう、ともかく雑務をする者を募集していると人伝てに聞いて、応募したのだった。巖は同人誌「丁卯」に、その日々の労働の一端を書き記している。

大寺社に接していると、どうしてもさまざまな局面で、聖と俗、聖と賤のかかわりに目が向く。歴史の襞も見えてくるのだが、いわばこれらは大状況で、巖らはいつもそんなことを意識して常日頃行動しているわけではない、と断った上で、

〈何しろ京都の賀茂社や石清水八幡と共に、ここは勅祭社であって、規模が大きい。創立は七六八年とされているから歴史も千二百年以上だ。由緒ある年中行事、月ごとの祭事も目白

押しである。

大がかりな行事の準備には穴掘り、土砂運び、杭作り、杭打ち（木杭、金杭）、材木運搬、大工仕事、屋根掃除、テント張り、何百もの胡床運び出し、重い材料を用いての舞台作り、等々の作業が含まれる。簡単に思える篝《かがり》火の支度ひとつとってみても、割木、肥《こえ》松、枯杉葉の用意や篝台の鉄脚、鉄籠の搬出、点検にぬかりがあってはならない。夕闇迫る白砂の斎庭《ゆにわ》に荘重・豪華な舞楽や優雅な大和舞が展開されんとして、さて篝がなかなか燃え上がらないなどという醜態を演じるわけにはいかぬ。

主な祭祀・行事をいちいち解説する一文でないので、それらにかかわる作業をざっと書きとめてみると、東京から勅使が参向する三月の春日祭では、白砂を参道に敷く作業がある。大変な量の砂である。一の鳥居の左右に立てる大榊は、警務の人間や私などが春日奥山の山中を探しまわって伐り出してくる。同月の御田祭《おんだまつり》では牛男を勤めた。黒衣を着し古い牛面をかぶり、唐鋤《からすき》などを引いて中腰で三周する。ぐるぐる廻る間には、

若種植えほよ　苗種植えほよ　女の手に手をとりて　ひろひとるとよ

の歌で舞う八乙女（御巫女）に戯れかかったり、鞭を振るう牛使いの言うことをきかなかったり、大声を発して滑稽な所作をする。本殿、摂社榎本神社、若宮社の三カ所で繰返すので

けっこう疲れる。毎年この「俳優《わざをぎ》」を演じて私は五回ぐらいつとめた。声がでかく、所作が面白いと評判はまあよろしかった。

四月は花鎮《はなしず》めの祭で祢宜《ねぎ》座狂言の舞台作り。材が重く息を合わせて作業しないと怪我をしかねない。五月端午節供では野外に出て蓬《よもぎ》を山ほど摘み集める。菖蒲を刈り取って合わせ束ねる。八月で大きいのは十四・十五両日夜の万灯籠。S老人と私で何千もの特殊な蝋燭を真鍮の小容器に用意する。その一方、外廻りの婦人用務員が主力になって二千の石灯籠、千の青銅吊灯籠に、祈願文言を記して全国から寄せられる献燈紙をノリで貼りつけてまわる。どちらも何日もかかる作業である。万灯籠は二月節分の日にも催されるが、この時は最も寒い頃で手が凍えるので、カンカラに炭火を入れて持ち歩く。困るのは鹿がノリと紙を好んで食うことで、鹿の口がとどく背の低い灯籠は最後まで残しておいて、当日の夕方に、私が大急ぎで数十基貼って済ませるのであった。

十月の「奥山五社」例祭では、標高五百m弱の春日原始林の山中を、神饌や祭具類を担ぐ強力《ごうりき》役として、北から南へ数時間歩く。古くからの水神、雷神の信仰にまつわる小祠が、春日の末社として五座点在しているのである。水谷川の最も奥の源となる僅かな水の滴りを毎年行く度にたしかめたりして、山好きの私には楽しい半日の山歩きであった。十一月は御蓋山山頂の本宮社の祭。これが春日大社の本つ宮と伝承されていて、当日は宮司も杖にすがって登り、二人の巫女《みこ》による神楽も奏される。当方はまたまた強力・歩荷《ぼっか》として力持ちの警務員と一緒に、大きな神楽莫蓙、魚・米・塩・野菜・果物等の神饌、酒、祭具、十数人分の弁当、茶碗、薬罐などを分け持って担ぎ上げる。毎度、かなり重い荷になった。

年間の掉尾を飾る、且つ大和最大の催しが十二月の春日若宮おん祭《まつり》で、これは国の重要無形民俗文化財ともなっている。十五日から四日間行なわれ、京都の葵祭にもなぞらえられるほどだから、その準備は大がかりで、神職も警務もわれわれ（外廻り組も炊事組も）も泊り込みが重なる。説明は省略するが、数百の鮭、山鳥・鴨、鯛を吊り下げて飾る懸物《かけもの》と称する作業はわれわれ男女数名で早朝から始める。飾り立てる場所は緑の杉葉で蔽う小屋で、その組立作業は警務連中と私の協力で前日までにすませておく。懸物の作業中、鳥の場合はその鼻孔に小さな細串を刺し通して紐がかけられるようにするのだが、それらは専ら私の仕事で、あんまり気持ちのいいものではなかった。まもなく馴れて上手にはなったが。〉

〈十七日午前零時、一切の灯火を消した子ノ刻闇の中での遷幸の儀では、この秘儀を見んものと詰めかける群衆の整理に大わらわとなる。この真夜中・早暁の勤めを終って引上げてくる神職たちのための風呂の仕度が、また結構な労働であった。あれやこれやで二晩ほどはほとんど徹夜なのである。

おん祭が十八日に終って一息つくわけだが、数日後には今度は正月の準備が待っているのだ。これは時間の点でも作業内容の点でも、なかみが濃いのである。おん祭は神社の枠を越えて県・市のイベントといった性格が強くなっていて、保存会とか商工会とかが相当部分を担当、実施するが、正月行事はそうはいかない。

初詣の大群に備えての通路・誘導上の造作、絵馬とか破魔矢、護符類等々さまざまな「授与品」を扱う場所の臨時設置、多勢のバイト巫女《みこ》（高校生が多い）の寝泊り部屋、外廻り内廻りの男子バイト学生たちの臨時食事所などの用意、それらの場所々々へのストーブの配置、毎日の灯油運び、木組みカンバス張りの巨大賽銭箱の〝建造〟もある。その他ちょっとした小舎を作ったりする大工仕事も多い。この時期十日間ほどは三人の心やすい大工が毎日通ってきて、私は主として彼等の手伝いをすることになる。この大工と警務と私とがこの時期の主な労働力である。むろん適宜、バイト学生を使う。〉

巖は机上の人ではない。行動の人だ。だから書かれた文章は、むしろ少ない。しかし、その文章は余分な贅肉が削ぎ取られ、弛みなく絞られていて無駄がない。彼の筋肉質の体型そのままが文章となって表現されているようなものだといっていい。前章の、アフリカ紀行と同じように、奈良・春日大社での労働ぶりも、玉井五一や救仁郷建氏らとやっている同人雑誌「丁卯」に連載しているものを、実際に読んだ方が余程面白い。

ナギの林についても書かれている。ナギは御蓋山をはじめ春日大社の周辺一帯に繁茂する天然記念物に指定されている樹木だ。うっ蒼たる樹林は恋人たちが愛を確かめ合う絶好の場所だ。同時に、それを観察することを趣味とする常連たちの横行する場所でもある。そんな連中と巖の軽やかなやり取りもある。

「今日はどうなの」

「今日は全然あかんねえ、天気も悪いし」

「こう寒うては……。見てるこっちが風邪ひいてしまうわ」

蛭もすごいし、鹿や鼬、野兎や犬猫などの動物の死骸も落ちている。それらを処理するのも巖たちの仕事である。

色事の森はまた自殺、心中の好適地でもある。夜、髪をふり乱して辿りつく死にそこなった男や女がいるという。巖も実際、そんな現場に遭遇したこともある。まだまだ面白いエピソードは続くのだが、きりがない。

私は一〇月の初旬のある日、夕暮れの猿沢の池の縁に座っていた。春にきてから半年ぶりである。春のときは、ちょうど桜が満開で街全体がピンク色に染め上げられていた。中学生のときに修学旅行できて以来のことだったから、ほぼはじめての奈良への旅といってもよく、ひどく感激した。

それで、今度は紅葉の季節の奈良を見てみたいと思ってきたのだが、少し早かったようだ。東の春日山、西の生駒山、それに街路樹もまだ深い緑を宿している。わずかに黄櫨の枝の先に赤味が帯びはじめていた。

近寄ってきて、私の肩や背に鼻を擦りつけんばかりの鹿の目を見つめながら、昼間自転車を借りて走った風景を心の中で辿ってみる。東大寺から転害門、秋桜の乱れ咲く般若寺、奈良坂を登り降りして、ひっそりと森の斜面の下に眠る元明、元正の陵墓。あとは平城京の方角に走って不退寺や興福院の、うら寂びた佇まいを見てきた。

池の水面がアオコで一面緑色になっている。両手両足をばたつかせた滑稽な仕種で草亀が近寄ってくる。今まで気がつかなかったが、あっちにもこっちにも沢山の亀がいる。鹿にやる餌がないので飲みかけの酒を路上に少しこぼしてやった。すると一度鼻を近づけて匂いを嗅いだが、興味なさそうで無視されてしまった。

鹿と亀に戯れていたら、あっという間に闇が被ってきた。三本目のワンカップを飲み干したところで、奇妙な音が鳴り響いているのに気がついた。いつからか分らない。ポン、ポン、ポンと乾いた短い音だ。興福寺の方からのような気もするし、反対の奈良町の方角からのようにも聴こえる。谺し合って四方から聴こえる。

あるいは酔った自分だけの空耳か、狐につままれた気持ちだ。いや、狐ではなく、これは狸だ。狸が腹鼓を打っているのだ。鹿と亀と狸、古都の住人が暗闇の中で夢、幻を見させてくれているのだ。

立ち上って覚束ない足どりで興福寺の方角に向って歩きはじめた。五重塔と南円堂の間に黒白の幕が張られていて、興福寺の奉納の能が舞われようとしていた。狸の腹鼓ではなく、能の小鼓の音だった。

途中で軽く一杯飲んで夕食とし、ホテルで休んでいると、九時だというのに巖さんが訪ねてきてくれた。今日一日、三重県の津市に行っての帰りである。氏の属するアララギ系の短歌を詠む集まりからである。

近くの飲み屋に行き、まずビール。焼酎の水割り一杯。越の寒梅二合、そしてまた焼酎の水割り二杯。世間話や明日の予定などを打ち合わせ、遠慮する私の言葉を斥けてホテルまで送ってくれて、もしかしたら最終電車に間に合うかもしれないと小走りに去っていった。その強靭さに、今更ながら舌を巻く。

次の朝一〇時にはホテルに迎えにきてくれた。ほぼ同じ量の酒を飲んだ私は、まだ頭の中に酒が残っているようで痺れているというのに、今日もまた巖さんは平然としている。ＪＲ奈良駅まで歩いていって、バスに乗る。法隆寺や法起寺のある斑鳩の里に連れていってもらうのだ。

途中郡山城内やその周辺も歩いてみたかった。しかし、時間がない。バスの中からほんの一端を眺めただけだ。決して豪壮華美というのではなく、むしろ小ぢんまりとしている。空堀の堤に植えられた樹林の間から覗けた城は風情がある。郡山城は石の城だ。筒井順慶が築城、天正十三（一五八五）年に豊臣秀長が入城し、大改修が行われたのだ、という。城郭の石の多くに、奈良の古社寺から集められた伽藍石や石仏が沢山あって見ものだという。

途中大織冠という名のバス停があった。奇妙な地名だなあ、と呟やくと、大織冠とは藤原鎌足に授けられた最高の位階名。鎌足がこの辺りに住んでいたのだろう、と巖さんが説明してくれた。この辺りは金魚の産地で有名なのだそうだ。あちこちに田圃に水をいっぱいに張った四角い池がある。郡山への国替えの命を受けた柳沢吉里が甲斐の国から入ったときに持ち込んで下級武士の内職にと奨めたのだそうだ。ちなみに吉里は、柳沢吉保の子で、文人肌で、絵画、連歌、俳諧などに優れたものを残し、城跡内には歴代藩主の自筆の書画を展示した柳沢文庫があるのだ、と付け加えてくれた。

法隆寺の長い参道にはずっと松が植えられていて、それだけでもさすが法隆寺と思ってしまう。参道には茶店もあるし旅館もある。法隆寺から中宮寺、法輪寺、法起寺と聖徳太子ゆかりの寺を歩く。法起寺と法隆寺の三重塔、五重塔がいい。夢殿の周りを何度も巡る。中宮寺の本尊半跏思惟像はすばらしい。モナリザ、スフィンクスと並んで世界の三大微笑だといわれているのだそうだ。その横に飾られた天寿国繍帳は、もちろんレプリカだがわが国最古の刺繍画だという。

点在する古寺の周りが畠や田圃だから一層斑鳩の里らしくなる。これが街中の高層ビルとビルの間にあったら興醒めだ。ちょうど稲が実りのときを迎えて黄金色に光っている。休耕田には秋桜が植えられ、赤、白、ピンクの花が咲き乱れている。畔道や少し離れたこんもりした小森のあちこちに柿が赤い実をつけている。カメラを手にした人たちが盛んにシャッターを押している。北の方角には矢田丘陵がのんびりと横たわっている。

昔ね、奈良に引っ越してきて四、五年目だったかね。自転車でここまで来てね、あの丘を登っていって家まで戻ったことがあったよ。朝早く出て、家に着いたときにはもう夜も真っ暗だったよ。そうだろうと思う。片道のここまででも大変な距離である。六十四、五歳の頃か。多くの人が停年退職して何の憂いもなく余生を送りはじめている年齢である。

だが巖はというとそうはいかなかった。新しい地で再出発し日々の糧を得なければならない。老後の補償があるわけではない。持って生まれた頑強な身体をたよりに、もう一坂も二坂も登らなければならない。そんな気持ちと重なって、踏むペダルにも力が加わる、そんな光景が目に浮ぶ。

次の日、巖さんに会う前に秋篠川沿いを少しでも歩いてみようと早目にホテルを出た。唐招提寺の西側を廻って裏手に出ると、小さな溝川に出会う。それが秋篠川である。

〈私がこの土地に移り住んだのは四十年前だが、そのころはあぜ道の草むらで、唐草文や蓮華文のある瓦の破片を拾うことができた。文様のない布目瓦なら、いまでも畑の隅にころがっている。……私の住んでいるあたりも開発が進むにつれて野生の動物が減った。四十年くらい前までは、冬の寒い夜など、三〇〇メートルほど離れた唐招提寺の森で、ケーン、ケーンと啼くキツネの声が聞えた。ある朝起きてみると、金網のおりが破られて、飼っていた三、四羽の鶏が殺されていたことがあった。野犬のしわざかもしれないが、多分、キツネの犯行であろう。近くの小学校に木造の古い講堂があり、その床下にタヌキが住んでいるという話だが、姿を見たことがない。

実際になんども見たのはイタチである。近所の雑木林と畑のあいだの道を歩いていると、突然前を横切るのである。一度なぞ私の家の中まではいってきたことがある。ほうきを持って妻と二人で追いかけ、廊下のすみに追いつめた途端、にわかに激しい異様な臭気におそわれて、二人とも呆然となった。これがイタチの最後っ屁かと気づくのにしばらく時間がかかり、気づいた時にはイタチは消えうせていた。〉（直木孝次郎著『秋篠川のほとりから』）。


私は直木孝次郎の専門の学術の分野の本はよく分らないが、こういう気軽な散歩のエッセイが好きでよく読む。だから何が何でもこの辺りを歩いてみたかった。尼ヶ辻で降りて五分も歩くと左手に池がある。真ん中にこんもりした小山が盛り上っている。小山は前方後円墳の垂仁天皇陵。池の中には、非時《ときじく》の香菓《かぐのこのみ》を探しに行った田島間守の墓がある小島が浮んでいる。その池の周辺をただぶらぶら歩いているだけでも気持ちが晴れてくる。

唐招提寺の正門の前に、つい見落としてしまいそうなほんの小さな溝がある。それに沿って歩いていったら秋篠川に出会った。直木氏の家はこの辺かもしれないと思いながら上流へと歩く。赤い太鼓橋が架けられ、それなりの雰囲気づくりがなされているが、氏が嘆いていたように両側がコンクリート護岸になっていて味気ない。それでも休日で多くの人が釣り糸を垂れていたり、ハイキングを楽しんでいる。

まだまだ田圃があちこちに残っている。溜池もある。大木というのではないけれどたわわに枝を垂れ下げている木があって、そこに百羽近い白鷺や五位鷺が群れている。餌のとり合いあり、陣地の奪い合いあり、眺めていて飽きない。生命とか生活とかの様相を教えてくれていて圧巻。この周辺の森や沼地には、まだまだ引っ越しせずに頑張っている狸や狐、テンや兎が沢山いる気配がして胸が高なる。

秋篠川は下流の大和郡山で佐保川に合流するが、上流を辿って水源付近までゆけば、秋篠寺がある。秋篠寺は伎芸天の立像で知られている。和辻哲郎の『古寺巡礼』や亀井勝一郎の『大和古寺風物誌』をはじめ、多くの人に礼讃されている。堀辰雄は、わがミュウズとして理想の恋人像のようにして書いている（「十月」）。

巖さんも、自宅から田圃の畔道を歩いてゆける、この寺を真っ先に案内してくれた。伎芸天の前に立つと、まず被っていた鳥打帽を脱ぐと軽く会釈し、しばらくご無沙汰していました、と挨拶した。そんな行為の中に衒いもなく気負いもない、ごく自然の流れの中にいた。ははぁーん、やっぱり門前の小僧、習わぬ……で、やっぱり寺の子息なんだなぁ、と思っていると、いやね、僕はね、信仰とか宗教とかではなくて、この像の厳かさというか、いや、古代ギリシャ的な端麗な色気、それがいいね。自然に頭が下っちゃう、と言う。

大和西大寺駅から巖さんの棲家まで十四、五分か。途中に、しもたや風の家がある。古くからの農家かもしれない。玄関が通りに面しているから、いわば通りの端になる。そこに椅子を持ち出して一人の老人が坐っている。焦点が定まらないのか、呆然とどこか一点を見つめていて動かない。春に来たときも全く同じ姿勢で坐っていた。朝ね、家の人が連れてきて、夕方にまた家の中に連れてゆくんだ。ああして一日中坐っているんだ。足は少し利くみたいだけど、そんなことさえ忘れてしまっている。痴呆状態になっているのかもしれないね、と巖さんが一瞬足を止めて静かな口調で言った。私は何と返答していいか分らなく、ただ無言で通り過ぎた。

巖さんが出かけるとき、帰るとき必ず西大寺を通る。寺の外側の壁に沿っていき来することもあれば、境内の参道を通り抜けるときもある。境内に池があって、縁に一本の柳の木が植えられている。立札がたてられていて、立ち止って読んでいると、巖さんが近づいてきて、声を出して読みはじめた。読みにくい書体で書かれているのだが、もう何度か読んだことがあるのだろうか、すらすらと流れるように読んでゆく。

百萬古柳の由来

観世流謡曲に百萬（別名嵯峨物狂）と題し世阿彌元清作とあり、昔奈良に百萬という女曲舞（一説には春日大社巫女という）在って我が愛兒（男子）を連れ西大寺念佛会に詣でたる時我が兒を見失いしは此の古柳の附近なりと、百萬は佛の加護を念じ念佛を称えつつ八方我が兒を覓めて徊い遂に狂女となる。しかし後日嵯峨清涼寺の大念佛会に於て再会することを得て法の力ぞありがたしと愛兒諸共都へ帰りたりと、実話か伝説か定かならざるも雅曲に本づきその大略を記し以て由来書となせるなり。因に愛兒は他年名僧となり、十遍上人と号して清涼寺の住僧となりしと記録にも見えたり、右側の碑は此の憐れなる百萬を詠じた詩を勒したるものなり

私はただ青緑色の藻が波打っては割れ、ときどき姿を現わす赤や白の鯉を目で追い続けるだけで、傍らで淡々と読み続ける巖浩の顔の表情を偸み見することすら出来なかった。

それというのも前の晩、酒を酌み交わしながら語った、氏が中学時代に愛読した国木田独歩の『源叔父』の物語と脳裡で重なり合って寄せてくる波の音のように聞えていたからである。

独歩のこの物語は本当に悲しい。大学を卒業した独歩は一年間ほど、作品の舞台の佐伯の地で教師をした。そのとき宿の主人から聞いた話を作品としたものだ。当時の佐伯はうら寂しい港町だった。そのはずれの磯に一人で暮す渡し守がいた。妻もいて子どももいた。その一人息子が水難事故に会い死んでしまい、やがて追うように妻も病死してしまった。ある日、その源叔父と呼ばれる無口な渡し守が城下町に出たとき、賑わいからポツンと独り離れて寂しそうにしている乞食の少年を見つける。少し頭は鈍い。あわれと思った彼は、もの好きだという人々の言葉にも耳をかさず、引き取って育てる。だが、いつまでたっても懐かない。感情があるのか、ないのか。それでも喪った息子と姿が重なって目の中に入れても痛くないほど可愛がり続ける。

だが、少年は、そんな源叔父の心なぞお構いなしに遂にどこかに行ってしまう。遺された源叔

父は、磯の松の枝に縄をかけて死ぬ、ただそれだけの話だが、独歩の手になると、これ以上ない悲しい物語として読者に伝わってくる。並ぶものがないほどの詩趣に豊んだ作品であると鷗外をして激賞させている。

たまたま三度ほど読んでいたので、それはどんな小説なんですか、と聞かないで済んだ。が、百萬の話といい、この作品といい、親と子にまつわる話だっただけに、私の過剰な反応にもよるのだが、息が詰った。

独歩の小説の舞台が佐伯という地名であることが、さらに私の感傷を加重させた。古事記や風土記では、佐伯とはさえぎる者、つまり、蝦夷《えみし》や国栖《くず》、土蜘蛛と呼ばれた者と同様、まつろわぬ者として差別され、被征服民としての悲哀を常に負わされていた者の謂である。

私は、そんな興味もあって津久見から日豊本線で足を伸ばしてみた。独歩の愛した町として駅前の観光案内所には沢山のパンフレットが積まれていた。佐伯城がある山頂に登ってみて海を見た。素晴らしい眺めだった。濃い青色の絨緞が広がって、名もない島々や岬にぶつかっては白く泡立っている。源叔父がいた磯はどこだろうと思ったが、海や山が答えてくれる筈がない。時間がない。タクシーの運転士が、昔、地元の高校の水泳部が強く、沢山の有名選手が出たこと、野球も強く、プロ野球で活躍した選手の名を一人々々挙げて教えてくれた。町は、そんな寂しい昔話を呑み込んで東九州の荒々しい港町として明るかった。

巖さんはもの心つかぬ時期に、津久見のお寺の養子となっている。あまり話したがらないから、言葉の端々からうかがい知れたことや私の推測を交えてのことだから事実とはずれがあるかもしれない。住職は実父の兄弟である。姉と遊びに来て、しばらくした頃、姉は実家に帰っていって、巖だけが残ったという形になった。オヤジつまり養父は何不自由なく育ててくれたよ。寺を継げ、とは一言も言ったことがなかったし、東京の大学に行くことも反対しなかった、という。寺はその後、養女となった人に婿を迎え、その人が現在の寺の住職となっている。巖と養女の人とには血縁の関係はない、という。

瑠璃子と結婚することになり、いち早く京都の桂にいた実父に紹介しに行ったよ。当時新幹線などなかったから十二時間もかかったよ、と話すときの巖の実父に対するいじらしさを垣間見たような気がしたが、私の勝手で感傷的な観測かもしれない。実際の巖は、そんな湿気を含んではいない。少なくとも私にはそう見える。あくまでも別府、大分、臼杵、津久見、佐伯の港町同様、豪放快活である。

ある晩、巖さんが週二度はゆくというウェスタン調のレストランへ夕食に連れていってもらった。ログハウスの、もう二十年も続いているという店である。アメリカ西部の雰囲気を漂わす骨董品――。幌馬車の車軸、馬に付けた鞍、南部軍の旗や時代ものの鉄砲等々で飾られた店は人気店らしく、客がいっぱい。マスターがあざやかな手捌きで注文に応えている。時々巖さんの方を見て笑いかける。巖さんは安いビフテキを頰張りチューハイとビールを飲んでいる。店の女の子も隙をみて、やっぱり微笑みかけてくる。

先週はどうも、とウィンク。巖さんもちょっと片手を挙げてウィンク。先週ね、あのキョーコちゃん、京都見物したいっていうから連れてってやったんだよ、広隆寺の弥勒菩薩に会わせてやったら、もう感激、よろこんじゃって、と奈良のジョン・ウェイン氏はいたずらっぽく笑う。

したたか飲んだあとは歩いた。郊外にあるために、ウェスタン調の店の周辺では車がなかなか拾えない。途中、新興住宅が並ぶ中に、古びた家が何軒もある。真夜中の闇の中で目を凝らしてみると、植木鉢や土器、陶器の類が軒下や玄関、板塀の横に所狭しと置かれている。ここは菅原地区といって菅原一族の発生の地だという。垂仁天皇のとき、野見宿禰は殉死の古風を改め、埴輪を用いることを提案した。その功績により陶器を造るのに適した、この土地を賜り、土師《はじ》氏の祖となった。とある。土師氏は、この垂仁陵の一帯、菅原地区や秋篠地区に居住し、菅原氏や秋篠氏となった、とある。その一族の中から、やがて文章博士として政治の中枢に駆け上った道真が出てくる、ということになるのか。

更に歩くと、もう人も通らない闇の中で、赤々とした提灯がいっぱい点いたままである。氏神様、道真を祀った菅原神社である。

また寝込んじゃって、風邪ひくよ。

社務所の窓越しに中を覗いて、ガラス戸をコンコンと叩いた。中から、ああ、とも、うう、とも聞える声がして、人が起き上った。どうやら宮司さんで、酒を少しばかり嗜みすぎて寝込んでしまったらしい。窓が開いて、やあ、やあ、と声をかけ合って別れた。あの宮司の息子が春日大社で修業しているんだ、酔っ払って大ケガしたこともあったりしてね。おかしいね、と笑う。

道真は時平《ときひら》をはじめ藤原一族によって九州・太宰府に流された。そして、そこで死んだ。恨みは消えず怨霊となった。春日大社は藤原一族を祭神としている。時は怨念を消してくれるのか。世の中、いろんなことがあるね、と愉快そうに笑った。宮司さんとも一杯やる仲になっているのだ。海の男は明るく、そこにいる人間と常に肩をくみ合って、仲間となる。奈良は、峰々に囲まれた山国かもしれないが、海の男をも満足させる。古来、巖の生まれ育った東九州の港町は、奈良や京都と中国、朝鮮を結ぶ海路を睨む形で繋がっていたのだから。

先日、小嵐九八郎さんの出版記念会に出たとき、遠くの方から斎藤慎爾さんに声をかけられた。巖さんの連載のことだけど、彼が書いた『日本残酷物語』の月報、あれ載せた方がいいよ、名文だよ、あれは、といわれた。同書は一九五九（昭34）年から全五巻別巻二で、平凡社から刊行された。当時同社の社員だった谷川健一氏の企画で、宮本常一、山本周五郎、山代巴らの監修で、俊英の作家たちが競って〝生きながら化石として抹殺されるほかない小さな者〟への熱い視線で書いていた。

当時学生だった私も、その中の比嘉春潮や森崎和江らの論文を幾つか拾い読みしたが、その内の一冊の月報を巖浩が書いていたことは知らなかった。斎藤氏は歌人として知られているが、さすが名編集者、その目配りぶりに感服した。本来なら、第5章の幼・少年期時代に挿入すべきだが、補遺として付け加える。肩書は日本読書新聞編集長となっている。

なつかしきものへの戦慄

巖浩

十三世紀にロシア諸公の軍を撃破したモンゴルが、板の下にロシア諸公をころがし、その上で祝宴を張って、これを押し殺したという昔話に、私はあまり残酷を感じない。おもしろさが先に立つ。人道に反する所業とは思うのだが、わが身に迫る実感にとぼしい。

どんな種類の残酷がわが身に迫るのかといえば、それはわれわれの日常に進行する陰湿なヤツである。わが国には陰湿な王と陰湿な民がいて、わが身に迫る残酷物語が常住不断に発生してきたし、今もそうだと思う。さいきん「被害者」と「加害者」という言葉がいろいろの組みあわせで使われているが、通常被害者は加害者に復讐のため立ち向わず、被害者は被害者同士で陰気にやり合っている。陰湿な民のそういう日常の中で、教科書的階級観念はさんざんにヒビ割れてしまう。

こんなことは殊更に言い立てなくてもよい当りまえの事態だろうが、しかし一例を上げると、数年前に田宮虎彦氏の「異端の子」という短篇が出て、それに対して、これはツクリ話にすぎないなどという批評が出て、そんなバカなと私が業を煮やしたことがある。ソ連引揚の貧しい一家、ことにその幼い姉弟が村中でいじめ抜かれる。理由は、その家が旗日に旗を出さないというようなことだが、ソ連引揚者という事情からスパイの烙印まで押され、旗などそもそも持ってもいない一家が実に残酷になぶり抜かれる話である。その景勝の地に或る日、宮様だったか元宮様だったかそういう人物が来て、村人の旗の波ににこやかに会釈しながら風景を賞でた、という結末だったと記憶している。私はこの短篇を読んでわが身に迫る残酷を感じた。

あの村にしても、なつかしい村だろうと思う。あの一家をいじめ抜いたという汚点があっても村はなつかしいと思う。私は郷里の家と陰湿な十年戦争をおこなった末に、ノタレ死にの自由という戦果を得た身だが、それだから余計にだろう、郷里のものうい川や段畑だらけの丘と山、その幾筋も海へ突き出た山脚の陰や深く刻まれたリヤス式の入江に固まっている聚落などが、堪えがたくなつかしいものとして浮んでくるときがある。海洋性気候で、わりあいに暮しの楽なあの一帯にも、「残酷物語」はあっただろう。私も子供時代に「四ツ」（穢多）や「チョーセン」や「蛇神」「犬神」などについて聞いたり、長いあいだの近親結婚のために三ツ口や目っかちが多いのだといわれる高い山の上の無表情な人間を見たりした。強い風で海に吹き落されないために石を入れたザルを持って廻って行く岬もあった。

しかし次に書くのは残酷ばなしとはいえない手前勝手な思い出である。雨乞い信仰と地獄・極楽信仰といずれが是か非かといった問題の周辺で、少年時の私が勝手に心に刻んだ挿話である。

十一、二の頃だったと思う。夏の或る日、農家の友だちの家で遊んでいた。隣室で友達の父親その他数人の農夫が茶を飲みながら声高に話している。私のオヤジを批判しているのだった。むろん私が遊びに来ていることは知らないのだ。

数日前山の頂上でおこなわれた雨乞いについて、オヤジが「あげなもんが何なるか」「降るときが来りゃあ降る。来にゃあ降らん」と悪口を言ったが、あれはけしからん。だいたい大将（オヤジのこと）は地獄・極楽のことをつねづね言っているが、雨乞いを否定するのなら地獄・極楽のことは言えぬはずではないか。「なんぼ大将たて、あげなこつ言うてよかろうか」という趣旨の話だった。

彼等は日ごろ、オヤジの前では、用事もなかなか切り出せないような話しぶりしかしない。それが今、フスマ一枚隣りで、まともにオヤジ批判をやっている。子供の私は複雑な衝撃を受けた。

その時、私に意地のわるい考えが湧いた。境のフスマを何気ない風で開けて顔を見せるという考えである。私は何といってもこの辺の有力者層の子供であった。オトナたちの狼狽は目に見えている。だが私はついにフスマを開けなかった。彼等、声高の批判者たちの狼狽した顔に直面する勇気がたちまち消えうせたからだった。また、たとえ顔を見せ、狼狽させせ、沈黙させたとしても、次に私がここを去った時、現出されるにきまっている一層複雑なオトナたちの会話も想像されて、それが厭わしかった。

　滑稽かもしれぬが、私はあのあと、はじめて世間に出たような気持になっていたようである。子供心にも「階層」について、それ以前よりも多くを感じはじめたと記憶する。オヤジは農夫のよき相談相手であり、味方であり、そういった方面で胆のすわった仕事もしていて、そういう雰囲気の中で私はオヤジに親愛の尊敬の感情をもっていたが、そしてその感情はずっと後までつづくのではあるが、同時に、この「階層」のおぼろな壁を意識しはじめてからは、「大将」とか「先生」とか声をかけて家に出入する農夫を見る私の目にも多少のちがいが生れて行ったように思う。

　何を言おうとしてこんな昔話を書いたのか自分でも分らなくなった。御無礼ながらこのままほったらかす。ただ、日々の残酷を繰りかえしつつ、彼等農夫は或る価値観をもっていた。今も持っているだろう。――今は昔ほどには雉が鳴かなくなったろうと想像される川堤のほとりで、どこかから普及させられてくる「民主主義」に対してケゲンな顔つきを見せながら。

　ちかごろ感じた残酷物語を二つ。一つは戦後十五年も経った今なお、原爆被爆者が思い出したように死んで行くという事実である。ほとんど確実に突然の死を予約されて生きて行く人間。私は今年の夏、何かの写真集で、顔の歪んだ被爆者の男が「天皇というもんは無責任なもんじゃのう」と呟いたという記事を見た。終戦直後「人間になった」という天皇が海辺で戯れている「ほほえましい」写真とこの記事が重ね合せになって、私はわが国の陰湿な残酷にどす黒い思いを噛んだ。もう一つは先日の浅沼刺殺事件である。これはストレートに捉えるべき事柄だが、それがだんだん「左右の暴力否定」論にずれて行った。その有様は「またか」というようなものではあるが、暗殺という明白な事実さえが、あのような恰好にずらされ、ぼかされてしまうとは。こういう操作の根幹を無表情に握っている紳士とか、その下働きに連なって飯を食ったりしている人間が、例えば一堂に会した際の様子などには、さぞや陰々たるものがあろうと思う。

第7章　三重県津に行く

ある目的があって津市に出かけた。名古屋から特急で五十分。その先の松阪や伊勢には行ったことはあるが、津の町で降りるのは初めてだ。早目に着いたので、駅前の人に声をかけ、ちょっとどこかを見物したいのだけどと問うと、ここには見るべきものは何もない、と微笑む。仕方なしに三十分ほど歩いて安濃川にぶつかる。旅先で何もないと言われたら川沿いを歩くことに決めている。川幅一〇〇メートル近くあるなかなか立派な川だ。

冬の最中だというのに大人たちが長靴をはいて水遊びに興じている。一人ひとりが賽の川原の石積みのようなことをしている。それも二人や三人ではない。何十人といる。不思議な気持ちで眺めていた。やがて岸に上ってきた人に問うと、漁をしているのだという。積み上げた石の間に鰻や蟹、ハゼなどが入り込む。それを手摑みにする。流れの真ん中では大きなたもでシジミを掬っている。みな小遣いくらいにはなるし、最近ではリストラされた人や退職した人が生活の糧にしているのだ、と話してくれた。しばらく川沿いを歩いて海に出た。シーズンではないというのに家族連れや老若男女がいっぱい。あさりや毛蟹、少し砂浜を掘れば青柳やニシという貝が面白いようにとれる。さすが伊勢湾だ、と興奮する。

近くの子供からスコップを借りて掘ってみる。三つほど大きなニシが出てきた。その一つを潮水で洗って食べた。私は学生時代、屋台のオデン屋をやっていたことがあるので、これがサザエという名で売られていることを知っている。こりこりと歯に当っておいしい。

東海から車で三十分。一身田へ。浄土真宗高田派の本山、専修寺に向う。せんじゅじと読む。東本願寺や西本願寺は知っている。京都駅前で、時間潰しに見て廻ったことがある。が、宗教に疎い私は高田派というのは作家の丹羽文雄さんが属していた宗派だというくらいの知識しかない。しかし、びっくりするほど立派なお寺だった。なんでも親鸞聖人が関東各地を教化中の五十四歳のとき栃木県芳賀郡二宮町高田というところで一宇を建立した。有力な教団となり、やがて津の方に本寺を移したのだという。お寺さんにボランティアの語り部さんがいて町を案内してくれた。環濠という堀や土塁がめぐらされていて、その中で多くの人が生活しているのだ。古い静かな集落だ。

城下町や門前町は知っていても、寺内町《じない》なんて知らなかった。知ったのは五木寛之著の〈日本人のこころ〉全六巻の第一巻目、大阪について書かれた文章によってだった。大阪は今は一大商業都市。大阪城を中心に発展した城下町だと思われているが、もともとは蓮如が建てた石山本願寺を核とした寺内町、宗教の町だったという。蓮如が新たな布教の拠点に難波を選んだのは八十一歳のとき。蓮如の子の実悟《じつご》が書いた『拾塵記』によれば、この頃の大阪は「龍狼のすみかなり、家は一つもなく、畠ばかりなりし所なり」ということになるそうだ。

大小の水路が数えきれないほどに入り組んで縦横無尽に走っていた。その中心をなしていた淀川や大和川を伝って奈良や京都の都人は海へ上り下りし、堺などの海辺の商都と交易をしていたに違いない。その荒涼たる場所に蓮如は、大坂御坊を造った。何かの予感が走ったのか、将来、商業の要となる町を見透かしたのだろうか。当時は大坂という字を当てていた。坂の字が土に返る、つまり死を示すというので阪と書かれるようになったのだという。

城下町は城の周囲のみに水濠がめぐらされ、堅固な石垣が築かれている。庶民の日々の生活はその外であり、敵から守られるのはその内側の人間だけである。寺内町は寺の敷地内に人々が暮らしている。寺と町とが一体となっている。寺を中心に僧侶やその家族、奉公人が集まる。大工や仏具師、屋根を葺く人や造園の庭師、石工も必要となる。遠くから参詣に来る人々のための宿や土産物屋も開店するようになる。酒も飲める場所もできるようになり、芸人もやってくる。当然、悪場所もできるようになる。事実、この一身田でも、お伊勢参りの帰り客を相手にした遊郭ができ、今でも連子格子や板壁の、当時の面影を残した建物があちこちに残っているし、商家のなまこ壁の蔵、町を囲む土塁や堀も残っている。

戦国武将や大名たちの多くが商人や富裕な者から莫大な金を借りた。しかし、返せなくなると徳政令なるものを出して、これを帳消しにした。寺内町では、そういうことは起らない。そのため人々は安心して貸し借りをし、活発な活動ができた。いわばお上も手出しできない自由都市だ。

そういう都市が一向宗と呼ばれた浄土真宗の寺のある場所に幾つもできた。琵琶湖畔の堅田や越前吉崎など、五木さんは二十四ほどの都市を挙げている。

しかし時代の変遷は、その面影を消しつつある。そしてわずかに、ほぼ完全に近い形で残っているのが津市の一身田だという。語り部の村田さんが丁寧に説明してくれている町並に私は興奮した。境界に建つ釘貫門、黒門跡、桜門跡、昔ながらの酒屋や薬屋。寺内町を囲む東西五〇〇メートル、南北四五〇メートルの環濠の南側は自然河川の毛無川を利用している。何の変哲もない野川だが、伊勢別街道脇に建つ、高さ九メートルの巨大な常夜灯に驚いたあとだけに、長い歴史を含んで流れているように幻想した。

伊勢別街道と伊勢街道——東海道から二つの参宮の道が別れる。一つは四日市宿の南、日永の追分から伊勢湾西側に沿って南下する伊勢街道で、おもに東国からの参宮・西国巡礼の旅人を受け入れる。他は、関の地蔵で知られる、椋本、一身田をへて津の北端江戸橋に至り、ここで伊勢街道と合流する。西からの参宮客を迎える道である（『東海道と伊勢湾——街道の日本史』吉川弘文館）、と記されている。

その常夜灯は近江諸郡から松前の江差・函館におよぶ寄進者によるものだそうだ。巨大な石の灯篭は本来、伊勢神宮へ寄進するために近江から運ばれてきたもので、たぶん何台もの荷車で鈴鹿の山を上り下りし、あと少しというところで荷車が崩壊してしまった。仕方なく村の人たちと話し合い、この場に置いていったのではないか、と村田さんはおっしゃる。いずれにしろ、当時、北前船で大阪・堺から北海道にかけて日本海を疾走し、商貿易を展開していた近江商人の豪気さを窺わせる。少しだけ残念なのは、現在この伊勢別街道が、この常夜灯のある処のわずか先で途切れてしまっていることだ。

あっ、東京なぞ今でも伊勢屋という屋号の店があちこちで見られる。ここ伊勢出身の商人も近江商人に敗けないくらいに活躍している。遠州灘で遭難し、八か月も漂流してアリューシャン列島に漂着。シベリアを横断してロシアのエカテリーナ二世に面会した大黒屋光太夫も、津の隣の白子の出身だ。そういえば江戸期、進取の精神で全国を行脚し観察し閉鎖的な時代の空気を大いに揺さぶった先駆的旅人たち、本居宣長、菅江真澄、橘南谿、渡辺崋山、松尾芭蕉、松浦武四郎なぞは、みなこの近隣で生まれた。伊勢神宮へ参拝する人たちの旅の姿に子どものときから刺激され、憧憬を抱いていたのだと思う。

夕方、その専修寺の池に半分乗り出すように建てられた茶室に案内された。今夜は巖さんと二人、ここに泊めてもらう。風呂で湿った身体に、また酒をチビリチビリとやり出した。窓外に見える池に、大きな鯉が時折、姿をみせ水面を蹴って跳ね上る。思いの外の大きな音だけに、その後の静けさが一層身に沁みる。広がってゆく波紋を消すように亀が悠然と泳いでいる。赤い木の実を狙って鴨がやってきて空気を切り裂くように、ピーッと一声鳴く。つい先ほどは鷺の類が、松の枝に羽を休めて飛び去った。夕闇の中だったからよく分からなかったが、海に近いから鳶だったかもしれない。ともかく、こんな処で飲む酒はうまい。この章の冒頭、ある目的があってと書いたが、それは一晩中、酒を酌み交わして巖さんの過去を穿り出すことだったが、そんな野暮なことは止めてしまった。

翌朝、この寺の裏庭を散歩した。私たちが泊った茶室を洗う池もいいが、この池の容姿にも打たれた。うっ蒼として樹々の足元を洗う池は、満面湧き水を湛えているだけではなく、それがごく自然な姿になっている。石やコンクリートで固められているのではなく、ただ凹地に水が貯っている。森の鳥の血に染った片羽が落ちていた。鼬かな、と一緒に歩いていた巖さんが言った。私は野良猫かなと一瞬思ったが、急いで打ち消した。こんな町の中の森に鼬がいたり、兎や栗鼠がいた方がうれしい。そして実際住んでいそうだ。人が救いを求めてくる寺の中で、弱肉強食、残酷な自然の摂理が行われている。だからこそ救いの道は簡単ではないぞ、と親鸞聖人が教えてくれているような気がする。

目的の二つめは、巖さんがこの四、五年、月に二回ほど、わざわざ奈良から片道二時間、最近では京都に移り住んだので更に遠くなって三時間もかけて通っている短歌会とはどんなものか、ちょっと覗き見させてもらおうと思ったのだ。その主宰者が、この寺内町の中心・専修寺の法主の常磐井鸞猷氏で、「アララギ派」という雑誌を、長年に亘って刊行している。斎藤茂吉の歌ぶりに私淑していて、月一回は茂吉の研究会、もう一回は、それぞれの短歌を持ち寄り、みんなで合評し合うというものだ。常磐井氏は六百余の末寺を率いる総本山の法主だから超多忙。相当数の檀信徒と末寺をまとめているのだから、豪腕、精悍な山伏のような人かと思っていたのだが、見事にはずれた。

むしろ正反対で、小柄で温和、何でも静かに微笑の中に受け入れるような人柄とお見受けした。その繊細な感性は、最近、新現代歌人叢書37として刊行された歌集『未明の椅子』（短歌新聞社）の中に存分に結晶されている。そんな氏を支えているのが、万葉の研究家で、元大学教授の猪股静彌氏だ。巖さんより二歳年上というから八十歳を越えている。そんなふうにはとても見えない。ユーモアあり機智あり、ペーソスもある。この二人の醸し出す絶妙のハーモニーに巖さんも一役買っていると見えた。巖さんは今日の短歌会の司会を務めている。昨夜あれだけ飲んだのだから、無事最後まで持つのか傍聴者の私は心配で仕方なかったが、いつものように杞憂に終り、ほっとした。

巖さんが短歌を創りはじめたのは、そんなに古くはないようだ。その切っかけをこんなふうに綴っている。


〈一九九四（平成六）年の春の夕方、東京のマルジュ社の桜井社長から家に電話があった。その頃はもう私は春日大社を一年ほど前に辞めていた。桜井氏が言うには「今、若草山のホテルに来ている。出版企画の相談で某教授ほか一、二人と会って、その教授に奈良には東京以来親しい知人が一人いるのだが、と話したら、その人もここに呼ぼうじゃないかとなった。これからどうですか」とのこと。スキヤキをするというのにつられて「言うにゃ及ぶ、すぐ行く」と飛んで行った。

その猪股という教授氏、私の名前を聞いて直ちに言った。「あんた、大分県じゃろう」と。当たりだが？「わたしは国東《くにさき》だ」と言う。彼は県北、当方は県南である。この人は万葉学者であり歌人であった。おもしろいのは人との出会い、因縁だ。それから三年後、猪股氏が春日大社で万葉文学講座を始めるに当って、私に手伝ってくれと連絡してきたのである。

月一回で五年間続いたその講座で、私の手伝いというのは、講話の大体の下ごしらえを書いて、そのいわばテキストを毎回九十~百人の聴講者に配布することだった。特にはじめの三年間は、私としては大変だったが、何も私が一からオリジナルに、鑑賞の手引きの文章をものするのではなく、教授が以前に長期にわたって新聞連載した万葉記事をずっと点検して、この文中の大樹は今は枯れて跡に石の碑がある、といった類の「考証」をしたり、私の知っている森林などの写真を提供したり、いささか文章に私流の潤色を加えたりしたのである。

そのあと二年はテーマが変わったので、簡単な刷り物を作るだけで楽になったが、おかげで万葉を千首ほどは読めたのであって、春日の縁もうれしいことであった。

（奈良・沼津拾遺「丁卯」19号）

以後、猪股氏の誘いに応じて「アララギ派」に入会し、短歌創りをはじめることになる。その成果の一端を書き写してみる。これは石牟礼道子氏や渡辺京二氏が主なメンバーとなっている季刊雑誌「道標」に自選とした六十首ほどである。

花綵《かさい》列島

ふるさとの農夫出で来て謠へらく――未だ都を見ず候ほどに

久々に旅に立たむかわれもまた諸国一見の僧に倣《なら》ひて

分け入ればうすけむり見ゆなほ行けば炭焼く男現はれにけり

百年の杉樵《きこ》りたる山人《やまびと》の口重くして笑みまどかなる

霧深き春日野の夜大鹿のまなこ光るに真向ひたりき

三宝柑捧げて少女たたずめりおのずからなる施無畏《せむゐ》の形

夕映えのいまだ明るき川なかに大き馬体をざぶざぶ洗ふ

研ぎ上げし鎌の刃《やいば》のきはどさに指を当てつつ野に歩み入る

やはらかく草濡らしゆく雨に似て訪《おとな》ふもののわれにもありや

千人の逃散《てうさん》人を匿ししとふ島の小さき御堂《み》を拝す

日の暮れて大き亀ども黒く光る海を越えきて四国に上る

水底《みなそこ》の岩を抱きて仰ぎみれば燦爛として乱るるひかり

鋭角の背びれ十四、五しぐれ降る海を滑りて鯱《しやち》の寄り来る

海に乗りゆく男にいつも気を揉んで暮してゐると女が笑ふ

屋久　奄美　琉球弧とつなぐ花綵《はなづな》の海上の道鳥も行く道

花綵なす列島に日と月と遍照しつましき人ら唄ひさざめく

遠きより来りて語る人に供す黒糖の古酒鮎の苦腸《にがわた》

海に散るさくら吹雪のたまゆらの白き光をいくたびも見る

花見酒飲みて喰ひて人間の死ぬはなしなど噴き出してくる

玄海の壹岐の浦べに河合曾良の客死したるをこの旅に知る

朝鮮から吹く風に乗せて玄海に散骨すると通知ありたり

秋深くむすめはらみて町を出る連れてゆくのは鈴つけた猫

玲瓏たる赤子は悪しき世にも生れ乏しき者の手にも頰笑む

幼な子がひたすらに泣く既にしてこの世の業苦知りたるがごと

犬さへが寒がる睦月夜の底に勧進ひじりの歩むまぼろし
久しくも使はぬ鑿《のみ》と鉋《かんな》刃を思ひ立ちて夜念入りに研ぐ
親を殺せ佛を殺せ鳴る風が枯芒《すすき》原虐《しひた》げわたる
金色《こんじき》の雪降りしきる草の野にほとけかひとか影の立つ夢
一生《ひとよ》の終章かと気づくこの日ごろ邂逅したるひとを貴《たふと》ぶ
かたはらに女人眠れり深々《しんしん》と独りのながき過去を負ひつつ

（「道標」二〇〇五年、春、第8号）

柘榴が笑う

沈む日の紅《くれなゐ》の円の中央に音なく燃えて立つ一本の樹

中空《なかぞら》を渡りゆく雁の羽根のきしみ今宵ひそかにわが耳は聞く

繊月が半月となり冴ゆる夜を人のこころが無言で渡る

大き馬は立ったまゝなり傍らに藁ひきよせてわれは眠れり

象麒麟猪《しし》犬などのさまざまの毛もの寄り来し明時《あかとき》の夢

みかさ山に樵《きこ》りてをれば枯柴の音ひびくなり鹿歩むらし

花の下を歩む仔鹿は何か歌を呟いてゐるやうにみえるが

春日山に蛭湧く頃にとつぜんに生白き傘をひらく毒茸

うるはしく神楽舞ひゐし巫女《みこ》の長《おさ》ハルヨは嫁して兒《やや》を抱きをり

紀ノ川に礫《つぶて》投げして遊びし子カナコ二十歳《はたち》の物理の学徒

石臼に黄な粉を碾《ひ》いてゐる夜に太梁《ふとばり》から蛇がばさりと落ちた

向う山に狐しきりに鳴く声は子を呼ぶのだと母は言ひしが

黒き闇を一声裂きて過《よぎ》るもの五位の鷺ぞと父の教へし

離れ屋の格子の牢に声上ぐる人を怖《お》ぢつつ見に行きしこと

座敷牢に握りめし食ひゐしタテキさんはむかし秀才だったと聞いた

空に凧定まりたればれんげ田の草の褥《しとね》の冷えにまろびき

魚群寄すと魚見の山に大旗を振る浦長《うらをさ》のおらび声かな

めしを炊き網を引きして人の世の夢をみてゐた浦辺のむすめ

実科女学校に入り洋裁を覚えたといふあたりまでは確かに聞いた

蚊帳に来てほのぼの光る蛍むしを夢うつつに見し頃もありけり

冬近くひとり居る夜の風のまに過去世の赤子泣きつのる声

累々たる柘榴《ざくろ》は赤き歯茎までむきて笑へりわれの頭上に

寝支度の犬　敷藁をたんねんに掻きととのへてくさめをするも

チャボ鶏ら薄夕闇に池のはたの木に舞ひあがり声なくなりぬ

月かげにひたすら黒き森にしてわが掌笛に応ふる鳥あり

独り身の丑三つ刻にひっそりと酒酌みてをりぬすびとに似るか

隣り家の菊野夫人のラズベリィ粒《つぶ》々熟れてつまみ食べあふ

八重山の珊瑚の砂の白き浜に子安貝あり仄《ほの》に艶めく

南《みんなみ》の島が明けゆく薄明に水牛の角の優雅な彎曲

かぎき刺す銛《もり》捧げたる海人《あまびと》の大胸筋のかがやきを見よ

掛矢振ひて打ち殺す大かぎきのねむらざる目をねむらせむとす

わが放つ独楽《こま》澄み立てり軸心の地をつらぬきて無限なるかな

（「道標」二〇〇五年、冬、第11号）

石牟礼道子、渡辺京二氏も巖の短歌を高く評価しているという。かつて新宿ゴールデン街の、ナベサンで大いに酒を酌みかわし、現在もすぐれた詩歌集を刊行し続けている砂子屋書房を経営し、自らも詩人である田村雅之氏に巖の歌ぶりを評してもらった。

経験豊かな思索者の作と見うけられます。古武士を思わせるその質朴な文体に、時代と相渉ったのちの惝怳《しょうこう》とした内面がよく表出されていて、『花綏列島』『柘榴が笑う』それぞれに心打つものがあります。必敗者のフモールをのぞかせた歌の幾首かには、とりわけしみじみとした哀しみがうかがえます。

古武士、時代と相渉ったのちの惝怳とした内面、必敗者のフモール……。田村さんの丁寧で達筆な評を読みながら、そのよく言い当てているキーワードを繰り返し呟いてみた。

この日集まったのは五十人前後。二百人近い全国からの会員で成り立っているのだという。宣長を万葉や古事記の研究に誘ったのは伊勢参りにやってきた賀茂真淵。そんな心が連綿と、この地方一帯には流れていて、人をして歌の世界に誘って、層の厚さを形成しているのかもしれない。

私は歌会の参観に来ながら歌心を理解出来ない。しかし延々五時間に及ぶ合評会の中にいて、世界に類のない、この短い形式の文学、その底にある韻と律の微妙さ、その創作の悦びと緊張、熱中する人々の内面の一端が少しだけ解ったような気がした。

二十代、アトランダムに短歌を読んだ。齋藤史、塚本邦雄、岡井隆、中井英夫、春日井建、岸上大作、それに同世代の福島泰樹や道浦母都子らの名前が浮かぶ。深くは考えなかった。そこに在ったから読んだに過ぎない。時代が読ませたものだったのだろうか。一種独特の空気のようなものだった。淡い翳りのあるものばかりだった。挫折や諦観、断念のような気分を表すのに短歌は似合っているのか。吐き捨てたい六〇年代、自分の青春の光景が、何枚も何枚も帰りの夜汽車の窓の向こう側に映っては消え、消えては浮かび上って、また消えていった。悔いはなかったが、苦い唾液が口腔いっぱいに拡がった。ゴミが浮かび珈琲を煮詰めたような黒々とした隅田川のような流れもあれば、四季折々の自然の風景となって悠然と流れる安濃川のような流れのあることを、改めて知った。

だが、巖の短歌ぶりは、圧倒的な後者の風景の中でどこか一線が画されている気がする。それは田村さんの言う、時代と相渉ったのちの悄悦とした内面、必敗者のフモールを抱え込んでいるせいか。私には分らない。私に分ることは、巖さんの短歌への愛執と反発には、氏の脳裡に焼きついていて、もはや血肉にもなっている、中野重治の『歌のわかれ』があるということだ。そのことは氏との会話の中で何度も口をついて出てきたからだ。

『歌のわかれ』は、金沢の高校（旧制四高）から東大へと進む中野自身のうっ屈した青春時代が描かれている。巖とは二廻り近く年齢が違うから時代状況も違っているかもしれないが、似ているところもある。

主人公の片口安吉は学内のポスターに誘われて、ある短歌会に飛び込みで参加する。そこには、女子学生を交えた和気藹々、互いにほめそやし合うなごやかな雰囲気が充満している。自分のうっ屈した内面、いたわりや慰め合いをかなぐり捨てて、理想の社会を求めてゆく強靱な人間へと脱皮しなければならないという安吉の焦燥と憤怒が綴られている。
昭和一四年に雑誌に発表され、翌一五年に新潮社から刊行された初版本には、検閲の生々しさを伝えるように削除された空白の部分があちこちにある。当時の旧制高校の倫理や理想、反転した無頼の空気も伝わってきて全文写したくなるが、最後の数行だけを引用する。

げつそりした気持ちで彼は本郷通りを歩いてかへつた。彼は袖を振るやうにしてうつむいて急ぎながら、何となくこれで短歌ともお別れだといふ氣がして來てならなかつた。短歌とのお別れといふことは、この際彼には短歌的なものとの別れといふことであつた。それが何を意味するかは彼にもわからなかつた。とにかく彼には、短歌の世界といふものが、もうはやある距離をおいたものに感じられ出してゐた。……彼は兇暴なものに立ちむかつて行きたいと思ひはじめてゐた。

第8章　終の棲家か、京都へ移住

二〇〇三（平成一五）年、巖は十七年間住んだ奈良から京都へと移り住んだ。その事情を雑誌「丁卯」に次のように記している。

〈万葉文学講座の三年目の六月九日、講師が話を早めに切上げ、希望者数十人を引率して春日大社境内の万葉植物園、一の鳥居から浅茅ヶ原を歩き、俊寛終焉の地と伝えられる塚などを見たあと猿沢の池あたりで解散したことがあった。その外歩きの間に私は一人の女人と言葉を交わし、解散後「これから酒を飲みに行くのですが、どうですか」と誘ったら、ごく自然に同意したので、親しくしていた店で一緒に時を過ごした。五十九歳という彼女は、賽の河原の石積みのことなどを、ぼつぼつと話した。父親が淡路島、母親が信州の出とか。その後一年くらいの間に、俳句を少しやっていると知ったので、どんな句かと、私は俳句などよく分からぬままに尋ねたら、

空蝉や永劫の杭を女打つ

というのが示された。「賽の河原」と何か関連があるのかとも考えてみても、しかと理解できなかったが、すっと胸に落ちるところがあった。あまり沢山は作れないんだけど、と別の一つをも書いてくれた。

鶏頭に鼻息あらく牛迫る

いいねえ、と私は大いによろこんだ。

今年六月、私は京都府下の某所に移住、彼女との共同生活に入った、〉

とある。巖、七十九歳の年である。余生は独り身で、と覚悟していただろう身の、意外な展開だったに違いない。

京都と奈良、片道わずか一時間前後の距離である。が、遠くから訪れる者にとっては予想以上の距離と時間である。京都へならば朝出発して夜遅く帰ってこられる。しかし往復二時間前後の差は日帰り旅行者には少しばかり負担がかかる。

奈良へは三回ほどしか訪ねなかった私も、京都へは繁く出かけることが出来る。そんなわけで、早速の訪問。

近鉄桃山御陵駅で待ち合わせ、食事をしながらビール。月桂冠大倉記念館で試飲、ついでに二合ずつ。伏見は伏水、水の街なのだそうだ。その近くから発着する観光用の十石舟で宇治川派流を上り、高瀬川が流れ込む濠川を下る。宇治川手前で折返して、また元の船着場に戻る。濠川と宇治川とは落差が４ｍもあって、昔は閘門式、いわばパナマ運河の小型版で船が往き来をしていたのだという。

京都—大阪の中継地として、人や物資で賑わった伏見は、角倉了以の高瀬川運河の開削によりさらに発展。大阪から三十石舟に乗り伏見に着いた旅人は、京町通（伏見街道）を通り京都の中心部へ、大和街道を通って奈良へ、また参勤交代の西国大名など、桃山丘陵を越え、山科を経て東海道をめざした人たちにとっての宿場町で、同時に水陸交通の要衝として繁栄した、とパンフレットに書かれている。昔は櫓や竿で走った舟も今はモーターで少し味気ない気もするが、川の周りでは土曜日とあって子供も大人も釣り糸を垂れていたり、散策の人が沢山。

宇治川へ降りて堤を歩くと、すぐに観月橋駅。ちょうどいい、ということで京阪線で終着駅の宇治へ。平等院を見学して宇治川の中洲を通りながら戻る。宇治川は上流を瀬田川といい、琵琶湖からの水なのだ、と感激一入。川幅も広く、水量も多い。水底の小石がきれいだ。水際に下りて両手で掬って飲む。もちろん共同生活者のＭ嬢も一緒。あっちの方の桜並木の下で紫色に熟れた実を口に頬ばりながら微笑い合っている。うーん、いいなあ。鴨川、保津川、桂川。京の川はすべて淀川に合流して商都・大阪へと流れてゆく。

夜、二人の巣ですき焼。ビール、酒、五〇度近い焼酎と共に呂律が廻らないくらいまで飲む。

次の日、お昼近くまで寝ていて、ビールを飲んでから勢いをつけ、二条から七条まで高瀬川を歩く。高瀬川は鴨川と並走している。途中ビールと中華で遅い昼食をとったりしてたっぷり二時間半散策。二条大橋の下では白鷺に混った五位鷺が、大きなウグイを素早く獲って呑み込む光景を見させてもらった。

　鴨川に架るのが大橋で、高瀬川に架るのがすべて同名の小橋だということを知った。例えば三条大橋に三条小橋というふうになっているらしい。二条から四条辺までは等間隔に柳が植えられ、その先は桜が主になっている。その間にも種々な樹が植えられて楽しませてくれるが、中でも今が盛りの紫の花を咲かせている藤や桐がいい。夜ならばネオンの光と合わせてもっと鮮やかなのだろうが、今は昼間。

　石川五右衛門が欄干に足をかけて絶景かな、と見栄をきった楼門のある南禅寺にもいったし、哲学の道を歩いて銀閣寺も行った。別の日だが金閣寺、石庭のある龍安寺、仁和寺。もちろん清水寺や六波羅蜜寺、東福寺も行った。京都はクセになりそう。

　黒々とした塀が立ち並び、香ばしい匂いがたち込める酒蔵、伏見稲荷、そして豊臣秀吉が天下人の権勢を誇った伏見城＝桃山城などで知られる伏見は、現在は京都の一部となっているが、かつては京都とは全く別の町だった、という。

　平安時代には、伏見は平城京と平安京を結ぶ街道筋に位置していたために、貴族たちの、いわば別荘が立ち並んでいたのだというし、更に秀吉の時代になると、京、大阪、奈良、近江を結ぶ交通の要衝であるこの地に、巨大な城下町を造った。幕末、鳥羽伏見の戦いで焦土と化したが、近代に入ると再び交通の要地として復活し、日本初の電車の起点地にもなった。いち早く近代技術を取り入れて銘酒の産地としての地位も確保した。

歴史的にも文化的にも京都とは一線を画してきた思いもあるのか、地元の人は、今でも京都の中心部に行くのに、京都へ行く、京都へ行ってきた、と言う人が多いという。

巖さんやMさんが、連れだって行くときも、京都に行こう、京都へでも出かけようか、と言い合っているかどうか知らないが、ともかく地元の人は、そう言うらしい。

私は、その伏見から淀川に沿って大阪の港までを歩いてみようと思いたって、巖さんを誘ってみた。おもしろいねえ、と二つ返事だった。巖さんは、最初、華奢なMさんの足を思って心配したが、大丈夫、一日で最下流まで歩き通すわけではない。一日目行けるところまで行き、どこかに泊る。そこから二日目がはじまり、同じようにして三日目を迎える。無理がきたら途中でリタイアすればいい。

琵琶湖の水が瀬田川となって宇治川となる。加茂川と合した桂川と、木津川との三川が京都盆地の南端で合流して淀川となって大阪湾に流れ込んでいるのだ。古くは、少ないときでも三〇〇名、多いときには五〇〇名を越えた朝鮮通信使の一行は、この川を上っていったし、淀川域の石材、木材もこの流れを遡って運ばれていった。また江戸期から明治初期にかけては二つの都を結んだ三十石舟が何艘も往復していった。

まずは出発点の石清水八幡宮に登る。海抜約一四二m。男山と女山が寄り添った、こんもりした美形の山だ。二人の家の最寄りの駅だから、二人は毎日のように目にしていることになる。紀貫之縁《ゆかり》の神社が山頂にある。歩いて登りたいが、ロープウェイと徒歩で十五分ほど。展望台からは三川合流地点の中州が細長く延びている風景が目に飛び込んでくる。背割堤といって春には桜の名所となる。背割堤が切れる辺りには往時、渡しがあって、今でも遊郭の名残が、ほんのわずかだが残っている。昔は当然暴れ川、乱れ川だったから、川幅はもっと広く、大小の中州、寄州があって葦や薄が茫々と繁っていたに違いない。その葦原にうずくまって、銀色の月を仰いでいた男がいた。一九三二（昭和七）年のこと。谷崎潤一郎だ。

わたしは、まだいくらか殘つてゐた酒に未練をおぼえて一と口飲んでは書き一と口飲んでは書きしたが、最後の雫をしぼつてしまふと罎を川面へはふり投げた。と、そのとき近くの葦の葉がざわざわとゆれるけはひがしたのでそのおとの方を振り向くと、そこは、やはり葦のあひだに、ちやうどわたしの影法師のやうにうづくまつてゐた男があつた。こちらはおどろかされたので、一瞬間、すこし無躾なくらゐにまじまじと風態を見すゑるとその男はべつにたじろぐ気色もなくよい月でござりますなとさわやかなこゑで挨拶して、いや、御風流なことでござります。

（「蘆刈」）

と、以下、影法師の語りが、谷崎独特の妖艶怪奇、幻想の世界へと誘うのである。

背割堤は桜の名所だけれど、枯薄、枯葦の秋もよいかもしれない。

一〇キロmほど歩いたところで枚方の宿。かつて船宿として栄えた鍵屋が、今は市の管理のもとできちんと保存されている。三十石舟に擦り寄っていった小舟が、酒、肴、汁、餅などを売った。こちらも消えつつある光景だが、停車した汽車の窓越しにホームを往き来しつつ売る駅弁売りを想起すればいいのか。しかし、水の上の方がちと荒っぽい。酒くらわんか、飯くらわんか、つまり売ってやるから、ともかく喰え、とでも言うのか、名付けて、くらわんか舟。この小さな往時の舟も保管されているし、そのときのやり取りの最中に川に落ちて沈んだ酒器や椀の欠らはまだ川底を洗えば幾らでも拾えるという。ほんのたまにだが、朝鮮通信使が落としていった器類も見つかることがあるという。こちらは貴重だ。

二日目は、ここから毛馬だ。毛馬は蕪村の生まれた地だ。

菜の花や月は東に日は西に

この句は、この辺りで詠まれたのではないか、という。たしかに今は見渡す限りの住宅とビルの林立した世界だが、蕪村の時代、いや、わずか五、六十年前までは田畑がどこまでも広がり、一面菜の花が咲き乱れていた光景が想像出来る。

蕪村の詩については、恥ずかしい記憶がある。ある日曜日の朝、玉井五一さんから電話があった。巖さんが昨夜から泊まっているんだ。宅《うち》へこないか。早速、板橋にある玉井宅へ出かけた。どうやら二人が加わっている同人誌「丁卯」の合評会が昨夜あり、二次会、三次会と梯子しているうちに遅くなり、玉井宅に泊まったらしい。

朝、風呂に入れてもらってね。いいもんだね。何だか半分夢の中にいるみたいだよ、と巖さん。もちろん、二人は朝酒の最中だった。私が、台所で肴をつくったりしてこまめに立ち働いてくれている夫人と話しているうちに二人の会話は、何の拍子か蕪村の詩句に移っていた。

「それにしてもあれは不思議な詩だねえ」

「うん、不思議だね」

「何ていう形式なんだろう」

「何という形式だろう」

二人の会話はまるで禅問答だ。そのうち突然、巖さんが詠いはじめた。すぐに玉井さんがこれに和した。

春風馬堤曲

・やぶ入《いり》や浪花《なには》を出て長柄《ながら》川

・春風や堤長うして家遠し

・堤ヨリ下《おり》テ摘芳草《はうさうをつめば》　荊与蕀《けいときよくと》　塞路《みちをふさぐ》　荊蕀《けいきよく》　何妬情《なんぞとじやうなる》　裂裙且傷股《くんをさきかつこをきずつく》

・渓流石点〻《いしてんてん》　踏石《いしをふんで》　撮香芹《かうきんをとる》　多謝水上石《たしやすいじやうのいし》　教儂《われをして》　不沾裙《くんをぬらさざらしむる》

・一軒の茶見世の柳老にけり

・茶店の老婆子《ろうばす》 儂《ワレ》を見て慇懃《いんぎん》に 無恙《ぶやう》を賀し且儂《かつわ》が春衣《しゅんい》を美《ほ》ム

・店中有二客《てんちゅうにきゃくあり》 能解江南語《よくこうなんのごをかいす》 酒銭擲三緡《しゅせんさんびんをなげうち》 迎我譲榻去《われをむかへたふをゆずってさる》

・古駅三両家《こえきのさんりょうけ》猫児《べうじ》妻を呼《よぶ》妻来《きた》らず

・呼雛籬外鶏《ひなをよぶりぐわいのとり》 籬外草満地《りぐわいくさちにみつ》 雛飛欲越籬《ひなとびてかきをこえんとほつす》 籬高堕三四《かきたかうしておつること三四》

・春艸路三叉《しゅんそうみちさんさ》 中に捷径《せふけい》あり我を迎ふ

・たんぽゝ花咲《さけ》り三ゝ五ゝ 五ゝは黄に　三ゝは白《しろ》し記得《きとく》す去年此路《このみち》よりす

・憐みとる蒲公茎短《たんぽぽくきみじかう》して乳を浥《アマセリ》

・むかし〳〵しきりにおもふ慈母の恩 慈母の懐袍《くわいはう》別に春あり

・春あり成長して浪花にあり梅は白し浪花橋辺財主《なにはけうへんざいしゅ》の家 春情《しゅんじゃう》まなび得たり浪花風流《なにはブリ》

・郷《きやう》を辞《じ》し弟《てい》に負《そむ》く身三春《みさんしゅん》 本《もと》をわすれ末を取接木《とるつぎき》の梅

・故郷春深し行ゝ《ゆきゆき》て又行ゝ《ゆきゆく》楊柳長堤《やうりうちやうてい》道漸くくだれり

・矯首《けうしゅ》はじめて見る故園《こゑん》の家 黄昏《くわうこん》戸に椅《よ》る白髪の人 弟《おとうと》を抱《いだき》我を待《まつ》春又春

・君不見《きみみずや》古人太祇《たいぎ》が句 藪入《やぶいり》の寝るやひとりの親の側《そば》

・やぶ入や浪花を出て長柄川

・春風や堤長うして家遠し

〈『北寿老仙をいたむ』が全く独創的な形の詩であったのと同様、『春風馬堤曲』も俳句、漢詩、漢文訓読体などを自由に交えたものである。繰り返しになるが、この作品には先行例は無く、蕪村以後にも後継者は出なかった。結果的には、日本文学史上に、蕪村は全く独創による詩形の貴重な作品を残したことになる。これに比肩する例は他にはない。〉

と、これは作家・高橋治の労作『蕪村春秋』の、この頃の解説であり、夕方二人と別れて家に帰り、未読の本の山から、これを引っぱり出して読みはじめた。

私が驚き羨望を抱いたのは、合わせて一六〇歳の老人が酒を汲み交わしながら、こういう詩を諳んじていてところどころ忘れたり、詰ったりしながらとはいえ、朗々と詠い合うという姿である。一方は、読書新聞から伝統と現代社、他方は三一書房を経て創樹社を設立経営してきた戦士である。共に表に出ることなく裏方として倒れていった。いや、その役割を果し終えていった、というべきか。こういう人たちによって出版界は作られてきたんだな、と思う。そして、その教養の厚さと古典世界への深い思いにただ恥じいるばかりだ。

毛馬の少し手前、つまり上流の鳥飼大橋の付近には、淀川特有のワンドがある。このワンドを是非一度見てみたかった。教養とは関係ない、こういう世界になると私は夢中になる。大水の後に水が引け、水溜りとなって幾つもの池のようになっている。川の流れから切り離されて、小魚や小さな生物、鳥などの絶好の棲み家となって楽園。自然の造作物だけれど、明治期、日本の河川改修の礎を築いたオランダ人、デ・レイケの工法が時を経て変形し偶然産まれたものだともいう。

いずれにしろ、もうほとんどここだけにしか生息しなくなったイタセンパラがいるのだ。アユモドキもいるかもしれない。イタセンパラはタナゴの種類名。ミヤコタナゴなどと共に天然記念物に指定されているから捕獲は禁じられている。一般で飼えるのはヤリタナゴとかタイリクパラタナゴなどか。それでも、その横腹は泳ぐ角度によって帯状に赤や青、紫、ときには金や銀色に輝いて、その美しさに魅せられたマニアは多い。

誰かイタセンパラを釣っている人はいないかな、と見渡したが、さすがにいない。仕掛けが違うから偶然釣れるということもないのだ。端の方で一人離れて釣りを楽しんでいる人に声をかけた。

「内緒で一匹だけ釣ってみせてくれませんか」

すると「アホいいなさんな。そんなの釣ったら、すぐに手が後に廻ってしまうんやで」と叱られてしまった。ごもっとも。

それにしても、川レタスの繁茂がすごい。ボタン浮草とかウォーターレタスと呼ばれて近年では観賞用として売られている。一株百円とか百五十円の水草が、この川では繁茂し過ぎて困っているらしい。市の職員が、この時期狩り出されて熊手のようなものでとり除き、道路に山と積まれている。

釣り人の多くは鮒やブラックバスなどを釣っている。が、その他にも、ちょうど盛りの曼珠沙華や草花を採りに来ている老人もいる。トンボやバッタを追いかけている子どももいる。ワンドを取り囲むヨシやカヤ、低木の中をガサガサ歩き廻っていたら、リスが驚き、イタチが逃げていった。ワンドは大人であることを忘れて子どもの心に戻してくれる。

久しぶりに長い距離を歩いたせいか、それとも巖さんは海へと通ずる水路を眺め通したためか、互いに気分は爽快、高ぶっていたこともあって、一日目の夜は酒が次から次へと身体に入っていく。まるで砂地に水が吸い込まれていくといった感じだ。Mさんは遠慮してか早めに自室に退いた。幼時をあまりふり返ることをしない巖さんが珍しく昔話をはじめた。

自分が育った寺の傍を流れる津久見川を、毎日のように泳いだね。下流まで行って、更に海まで。学校が終わるとすぐに家に帰って、鞄を放り出してオヤツを頬ばりながら。みんな集まってくるんだ。小学校のときに小野田セメントの支社長の子どもが二人転校してきた。はじめはこわごわ浅いところでバチャバチャやっていた。みんなどうしていいかわからないので遠くで輪になって取り囲むようにして眺めていたね。私は弟の方と同級だった。兄弟二人とも美少年だったね、特に弟の方は。少し反抗的なところがあったけど秀才でね。田舎のお坊ちゃまとしては全然立つ瀬がないくらい。のちに彼は共産党に入った。脱党して酒に溺れて若くして亡くなってしまったけどね。水戸君っていったね。ちょうど読書新聞に勤めていた頃だね、彼の家が名古屋にあって、再会して何軒も何軒も梯子酒して、彼の家に泊めてもらったことがあった。

臼杵中学は、今は臼杵駅のすぐ近くにある臼杵高校だ。彼が四年生として入ってきた。この中学では西郷信綱さんが抜群の秀才だと伝わっていたけど、この兄弟もたしかに秀才だったよ。

オヤジは、前に言ったように、どちらかというと政治坊主だったから、村の連中が何かあると相談にやってきた。先生どげんしましょうな、なんて。そんなときオヤジは、まあ一杯なんていって、すぐに焼酎をだして長々と喋って。だからオフクロが台所でいつも渋い顔をしていた。秀才君のオヤジさんともすぐに付き合いが出来て、行ったり来たりしていた。

養子にいったのは三歳のときだったと思う。兄が二人いて姉が一人。その下の末っ子だった。一番上の兄と姉はまだ存命。姉は今、神戸にいて、そのときのことを何度も話してくれる。実のオヤジは当時大阪に住んでいて、弟に子どもがいなかったから四人いるので末っ子をということだったのか、津久見のお寺に一週間だか、二週間遊びにいかせた。まだ何も知らないで楽しく遊んでいる弟を置いて一人帰ってくるときは、涙が出て涙が出て、と今でも涙ぐんで語ってくれる、という。

私は臼杵中学を卒業して旧制七高、今の鹿児島大学に行った。戦争の足音が聞こえていた中学時代、あんたがこの間行った磨崖仏のあるところね。あの辺までしょっちゅう行進して歩いていたね。

オヤジは野球が好きだった。大学のときは投手をしていて神宮の全国大会に出たこともあるし、地元でチームをつくって投げちょったらしい。私が覚えているのは、中学にきて野球部の捕手を座らせてビュンビュン投げた。正捕手の奴が、一球、一球、その速さに驚き奇声を発しながら捕っていた。

朝の内はまだ酒が残っていて身体も頭もすっきりしなかったが、昼近くなるにつれて何ごともなかったように歩いている。下流に近づくにしたがって青いテントが並んでいる。都会の川ではお馴染みの風景だ。隅田川も多いが、淀川も多い。川の縁に沿って一列に、隣と隙間もなくびっしりと並んでいる。

今度は私の苦い思い出を語らなければならない。青いテントを見る度に、今もそんな思いと紙一重でいる自分がいるのだが。この書評紙を刊行する会社を引き継いでから二十余年、出発点からそうだったが、一日たりとも資金繰りのことが脳裡から去ったことはない。その度に友人たちから、一ト月、二月の期限で借りて擦り抜けてきた。しかし、いつかは友人たちも愛想を尽かすだろう。そのときはどうしたらよいのだろう。創業社長は、そのことで自死を選んだ。年に何度か田所太郎社長の夢をみる。だが、私の場合はそうはいかない。残される寝たきりの障害児と妻を想う。

そんなとき一人のホームレスと出会った。同じような境遇の彼は、自分の会社が倒産したあと隅田川縁に居を構えた。日雇いの雑役やアルミ缶を拾いながら、家族に毎月十万、多いときは二十万も仕送りをしているという。いつか酒を持って彼のテントを訪ねたことがある。酒は止めているんだよ、まだまだ俺は生きなければいけないんでね、と静かに微笑った。酒を飲むと、気温が下がってくる朝方、体温が下がって身体の弱っているホームレスは死んでしまうことが多いんだよ。CDでクラシックを聞きながら、インスタントだがね、といってコーヒーを出してくれた。片隅には、拾ってきたのだろう。文庫本が山と積まれていた。

死を選ぶことを許されぬ私は、終の棲家として青いテントを選ぶしかないかな、と半分覚悟して、そのための心準備として彼のところに何度か通った。だから川縁や街の公園の片隅に並ぶ青いテントには特別な想いと親しみを感ぜずにはいられない。

そんなとき巖さんと出会った。読者への影響の大きさに比べて、吹けば飛ぶような経営母体の脆弱な書評紙の編集者からトップに、また小出版社の創業社長として、同じような想いが何度も氏の脳裡を掠めた筈である。

断っておくが、最近、昔その名を知られた編集者や出版経営者を対象にした本が何冊か刊行されている。出版文化を裏で支えてきた人たちで、そういう人たちの仕事を顕彰することはうれしい。しかし、多くは大手会社の分業化された世界での話にすぎないではないか、ふんだんな金を使え、銀座のバーや飲み屋のきらびやかな海の上で梶取りをしたに過ぎないではないか、とひがみ半分で私はそれらを流し読みする。

著者たちと顔は笑いながら、心の中でその夜の支払いや明日の社員や業者の支払いを計算していなければならない者にとっては、所詮次元が違うんだと、いつも心で叫んでいる。

同じレールを先に走り、八十歳になろうとしているのに元気いっぱいの巖さんから、どう生き抜いたか、そうしてその元気をもらおうと、この六、七年頻繁に会ってもらってきた。出不精な私は、氏に案内されて沼津へ行った。更に二度も一人で出かけていった。奈良へは三度、京都へも五、六度いった。氏の故郷へ寄るついでに別府や佐伯も訪ねたし、途中で気分が変って沖縄にも旅した。生きていたら偶然が舞い込んできて旭川や岐阜から何か話してみろという話がやってきた。旅の楽しさを覚えたのである。

しかし、人間にやってくる死だけは避けることが出来ない。巖さんが出版界で活躍した頃、親しくしていた人たちも一人消え、二人抜けして多くの人たちが死んでいっている。

氏がシンパシーを抱いていた一歳違いの吉本隆明氏も、近年老いという酷薄な運命と懸命に向い合っている。著書『生涯現役』では、眼が不自由になり、左手は麻痺している。就寝時には紙オムツをつけている、と明るく語りながらも、老いの孤独や予測出来ない実態、死を自然に受け入れることの困難さを語っている。

片や文化人類学者として、片や編集者として、読書新聞という小さな舟に乗り合わせて一緒に舟出した山口昌男氏も同様。二年前、北海道の病院にお見舞いに寄ったときは、車椅子にのって窓辺にいた。目と目で話し合って別れた。以来お会いしていないが、人の手を借りてだが、杖をついて歩くことが出来るまでに回復しているという。

巖さんは怪物と呼ばれているほど元気だ。二日目の夜、そうはいってても必ずやってくる老いについてどう考えているのか、絶対に聞き出してみようと思っていた。が、互いに二日間連続して歩き続けた心地よい疲労のためか、適度の酒を飲んだところで襲ってくる睡魔から逃れられず、考えられないほどの早い時間で眠ってしまった。

しかし、長年連れ添った瑠璃子さんが亡くなったあと、やたらと方々へ旅に出かけ、歩き続けていたことを私は知っている。例えば紀伊半島の東南、熊野灘に臨む太地近辺から南へ、一人真夏の太陽に焼かれて歩き続けた。太地は捕鯨で賑わった町である。北へ向えば霊場である。たいていの人はそちらに向う。が、彼は茫洋たる海沿いを只管歩く。今はただ陽に映えてギラギラと輝いておだやかだが、一変して牙をむいて襲いかかってくることを知り尽している。そんな海面を灯明崎に立って一人眺め、梶取崎に立って目を細める。

灯明は鯨油によったもので、梶取りは鯨捕りの舟の梶に由来するものだ。更に南へ足を伸ばして枯木灘、中上健次の世界が待っていた。男たちの荒ぶる海は、かつて瀬戸内の村上水軍と対峙して、この地方の覇者として君臨した海賊、九鬼水軍の領した海でもある。そして瀬戸内海を通って、豊後水道が洗う巖の育った大分の海へも通じている。

頭上から叩きつけてくる、とそんなふうに感じられた筈だ。強烈な太陽の光の束を受けながら、一人残された生をどんなふうに生きようか、と巖は考えた筈だ。旅というよりはまるで風景に身体ごと挑んでいる、とでもいった方が当っている。もしかしたら、村上水軍の血を引く山頭火が一生歩き続けたように、自分も歩き続けようと考えていたのかもしれない。

巖さんは今、Mさんという素敵な女性と出会って一緒に住んでいる。しかし、これは運命がもたらした予測出来なかった偶然にすぎない。孤独は一人で耐えるより二人で寄り添って耐える方がいいに決っている。だが、根源的なところでは、人間の覚悟は一人でしなければいけないことに変りはない。

大阪は水の都だという。その通りに淀川は下流部で幾筋にも岐れながら沃土を堆積し、広野を拓いた。現在、そこには工場や倉庫が立ち並び、人家が密集している。昔の舟運の出発点である八軒屋にさしかかったとき、淀川にまつわる二つの物語を思い出した。一つは『土佐日記』。紀貫之は六十歳近くにもなって、辺地・四国の土佐に左遷され、帰路についた。風波に苦しみ、海賊の襲来に恐怖を感じながら五十日をかけて京に辿り着いた。

もう一つは、旅に病んで夢は枯野をかけ廻る。難波で死んだ松尾芭蕉は、深夜秘かに弟子たちによって船に乗せられ、淀川を溯って琵琶湖のほとり義仲寺に葬られた。

これらの物語は、多くの人たちによって論じられ書かれてきた。が、淀川にはもう一つ、あまり日本の知性が語りたがらない、私の好きな物語がある。

……バカは死ななきゃぁあ――、直らない――。小学生のとき、あの広沢虎造のビロードの声に魅せられて、本気で浪曲師になろうとしていた。一人川辺に下りていって、毎日声を潰して唸っていた。題して森の石松金比羅代参。

八軒屋から伏見へ渡す舟は、三十石。これへ石松つぁんが乗り込んで……。と、本場ブラジルまで行ってジャズを学んできて採り入れたという虎造のテンポのいい唸り。

お前さんなんだねぇ、博奕打についちゃ詳しいようだねぇ、と言って、おお飲みねぇ、飲みねぇ、寿司食いねぇ、と山場にさしかかる。このあと、石松は身受山の鎌太郎のところに草鞋をぬいだあと、都島兄弟に騙し討ちにあって死ぬ。その無類のお人好しを偲んで、バカは死ななきゃぁ、直らない。ただ、ただそんな生き方が好きだったのだ。

いずれにしろ、三つの物語は淀川を溯っていく場面で展開されている。現実は、物語とは逆に流れている。川上や中流で生きていた魚たちは、老い弱ってきたら、流れの勢いに逆らえなくなって、下流へと押し流されていく。河口には、そんな死骸の魚たちが山となって浮かんでいるのを何度もみてきた。

さて巖さんと私の現実上の付き合いはこれからも続くとして、物語は一応終りにしなければいけない。淀川にまつわる物語とは反対に私たちは流れに沿って下ってきた。そして、最河口部の大阪港にいる。

夕日が最も美しい場所だ、という。家族連れや若者に人気のスポット、海遊館もある。港のレストランでMさんも含めて二時間以上も、ビール、ワイン、酒をちゃんぽんで飲んでいる。右手には六甲山、前方には淡路島が眺められるというが、今日は見えない。何隻もの船が絶えず出入りしている。その度に巖さんの目がそっちに向く。臼杵や津久見へ向う船かもしれない。逆にそっちからやってきた船かもしれない。あるいは、その先のアフリカに向う船かもしれない。

私はいつまでも尽きない物語に、一旦幕を降ろすために強引に席を立った。

そうか、もう一晩泊ってゆけばいいのに。

名残り惜しそうに言う巖さんの目が、一瞬寂しそうにうるんだ、と見えた。が、次の瞬間、ぱっと見開かれて輝やいた。海の方を見やるとすぅーっと豪華客船がすべり込んできた。真っ白い船腹には、セブン・シーズ・マリナーと印されている。フランス船籍の、その船の長さは二〇四m、幅二八m、乗客定員七〇〇名、乗組員が四五〇名。まさに小さな都市が音も立てずに突然移動してきたようだった。その巨大さもだが、美しさにも驚かされた。客室で動いている人間が米粒のように見える。甲板から降りてきた、白い帽子、白い服、白い靴の男たちがきびきびと立ち働いている。巖さんの顔が釘づけにされて少年の目になっている。世界を股にかけて旅する海の男を夢みたことがあっただろうか。

何か巖の人生の節目、節目に現われてくるものの象徴を見た気がした。海の男が何かのはずみで陸に上ってきて、戸惑い、混惑しているときに、必ずや彼を輝やかせる何かが次から次へとやってくるのだ。

あとがき

人生は一本の道しか選べない。何本の道を歩くことは出来ない。まっすぐな道でさびしい、と山頭火は詠んだ。振り返ってみたら、二十歳代、「日本読書新聞」という書評紙に入って、途中、小さな出版社をやったが、また同じ業種の「図書新聞」に入社していた。歩いているときは、石ころだらけ、とても越えられそうにない大岩や泥沼が遮っていた。しかし、能がないといえばそれ迄だが、廻り道も出来ずにただ汗を流しながら前へ、前へと進んできた。

五十歳代の半ばを越えたとき、もう駄目だと思った。この先をどうやって行こうかと、頭の中で何度も反芻した。そんなとき、同じ道の前方を歩いている一人の男を見つけた。しかもその男は二十年近くも先を歩いているというのに、しごく元気だ。よし、この男から何か学んでやれ、偸んでやれ、と接触していった。氏の元気からいろいろなものをもらった。それならば、もう少し頑張ってみよう、もう少し続けてみようと思っている内に十年過ぎてしまった。すると周りで声をかけてくれる人が何人か現れた。お陰で「図書新聞」はまだ続いている。

これは巖浩の評伝にもなっていない。書評紙論にもなっていない。ただ、この十年の私の依り代の記念に過ぎない。巖さんは不満だと思う。こんなものを本の形にしてくれた社会評論社の松田健二さんにはただ感謝。帯文を書いてくれた書評紙の先輩である渡辺京二さんをはじめ、装幀の近藤志乃さん、校正等いろいろ助言してくれた佐藤美奈子さん、名前を挙げたらきりがない、快く会ってくれた方々に、本当にありがとうございます、と心から思っています。

＊初出 「図書新聞」 二〇〇五年四月二十三日二七二三号から二〇〇七年一月一日二八〇四号まで

井出 彰（いで　あきら）

1943年神奈川県箱根町生まれ。
早稲田大学卒業。日本読書新聞編集長、三交社取締役を経て、1988年より図書新聞代表。
著書に『監督術』（編著、洋泉社）『里川を歩く』（風濤社）『休日、里川歩きのすすめ』（平凡社）小説『精進ヶ池へ』（河出書房新社）など。

伝説の編集者・巌浩を訪ねて——「日本読書新聞」と「伝統と現代」

2008年11月30日　初版第1刷発行

著　者＊井出　彰
装　幀＊東京明朝舎
発行人＊松田健二
発行所＊株式会社社会評論社
東京都文京区本郷2-3-10
tel.03-3814-3861　fax.03-3818-2808
http: www.shahyo.com
印刷・製本＊株式会社技秀堂